décolumière

décolumière

Sophie Hélène et Charlotte Vannier
Photographies de Régis Baudonnet

• MARABOUT •

avant-propos

Un lustre pour la salle à manger, une applique pour égayer le long couloir de l'entrée, une lampe de chevet pour la chambre du petit dernier... un véritable casse-tête pour ceux qui sont déjà allés à la recherche du luminaire « idéal », celui qui s'harmonisera parfaitement à la décoration de la maison. Ce livre s'adresse à tous ceux qui sont certains d'être « nuls » en électricité et qui aimeraient pouvoir créer des lampes à leur image ou à celle de leur intérieur.
Des conseils techniques, un petit inventaire du matériel disponible chez la plupart des revendeurs en composants électriques, des explications pas à pas pour le montage des lampes (appliques, lustres, lampes de chevet, abat-jour, guirlandes électriques...) et vous voilà prêts à vous lancer dans la fabrication de lampes uniques et inventives. Nous vous proposons des créations originales à la réalisation abordable mais n'hésitez pas à créer vos propres luminaires en vous servant de nos modèles comme point de départ.
De la chambre à coucher au jardin, en passant par le salon, voici pas mal d'idées pour donner la touche finale à votre intérieur, petit cours d'électricité en prime.

mémo électricité

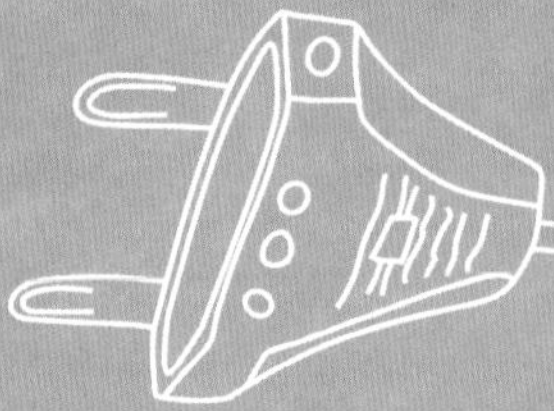

Rappelez-vous

Les unités de mesure

Les principales unités de mesure électrique sont :

- le watt, de symbole W pour la puissance électrique,
- le volt, de symbole V pour la tension électrique,
- l'ampère, de symbole A pour l'intensité du courant électrique.

Avant de commencer...

Vérifiez avec un testeur que les conducteurs ne sont pas sous tension.

Si les fils à dénuder sont sous tension, coupez l'alimentation électrique au compteur ou au tableau de répartition de la maison.

Lorsque vous dénudez des fils, faites attention à ne pas les couper. On ne doit jamais voir le fil de cuivre sauf aux extrémités à insérer dans les bornes situées dans la douille.

Ne manipulez pas du matériel électrique les mains humides.

Utilisez uniquement des douilles en plastique sur les luminaires destinés aux endroits humides.

Attachez beaucoup d'attention au choix du matériel que vous utilisez car le fil électrique, la douille, la fiche et l'interrupteur doivent répondre à des normes précises en fonction de la puissance que requiert la source lumineuse et de l'usage auquel vous destinez l'installation.

Les normes de sécurité

Les installations électriques sont soumises à un ensemble de textes qui ont pour but d'assurer la protection des biens et des personnes. Cette sécurité implique l'emploi d'appareils répondant à des normes de construction et une mise en œuvre répondant à la norme NFC 15-100.

Pour brancher les luminaires sur une prise d'alimentation, on utilise le câble électrique classique à deux brins qui ne requiert pas de consigne particulière.

En revanche, les normes sont draconiennes pour l'utilisation de matériel électrique dans les espaces humides, comme la salle de bains, mais cela concerne essentiellement les installations électriques fixes. On retiendra simplement qu'un appareil électrique ne doit pas être accessible depuis une douche ou une baignoire et qu'une distance minimum doit être respectée.

PHILIPS
PHILIPS

1

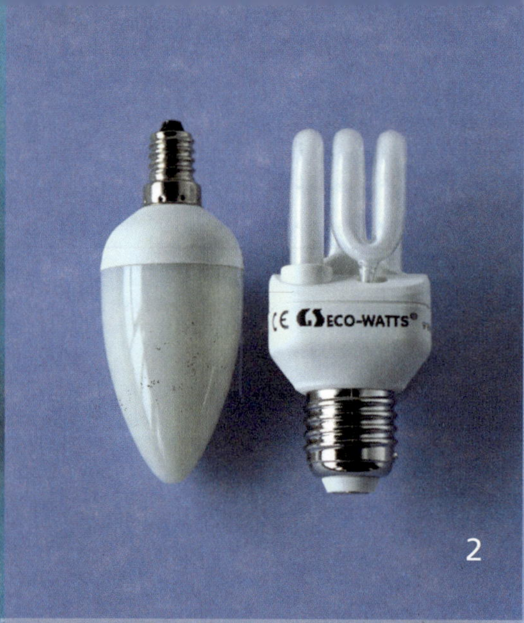

2

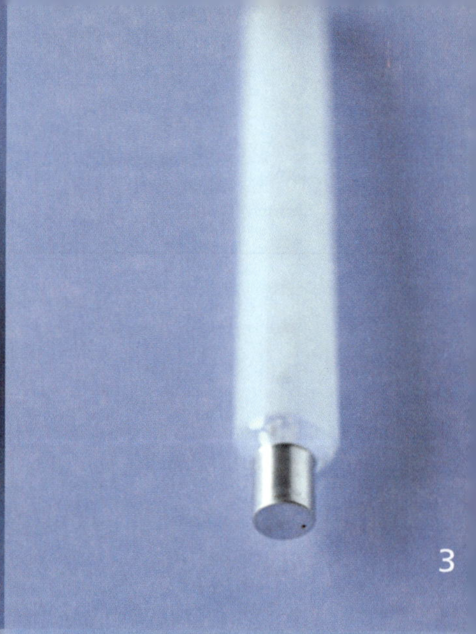

3

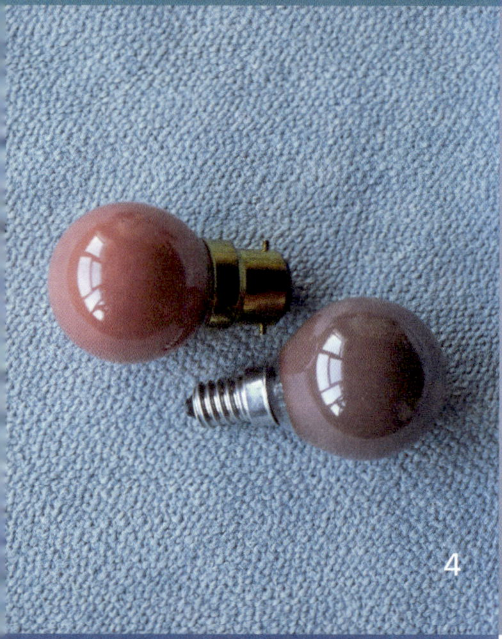

4

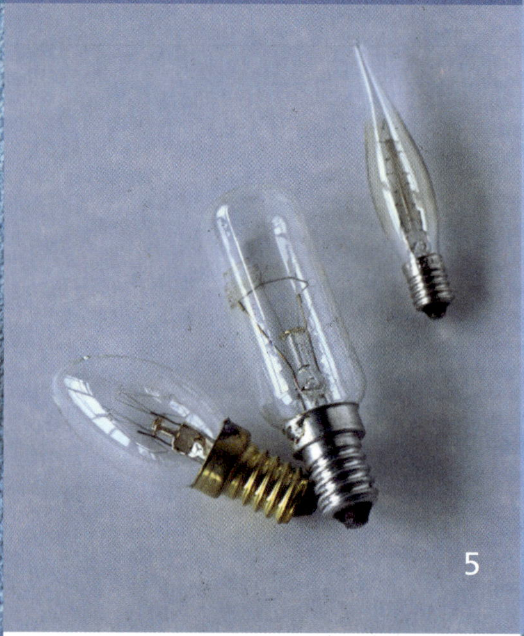

5

6

7

1 Ampoules standard en verre transparent et opale
2 Ampoules à économies d'énergies fluocompactes
3 Tube linolite
4 Ampoules sphériques colorées
5 Ampoules flamme, tube et flamme grand siècle en verre transparent
6 Ampoules décoratives à filaments métalliques
7 Ampoules standard à culot argent
8 Ampoule flamme d'illumination

8

1

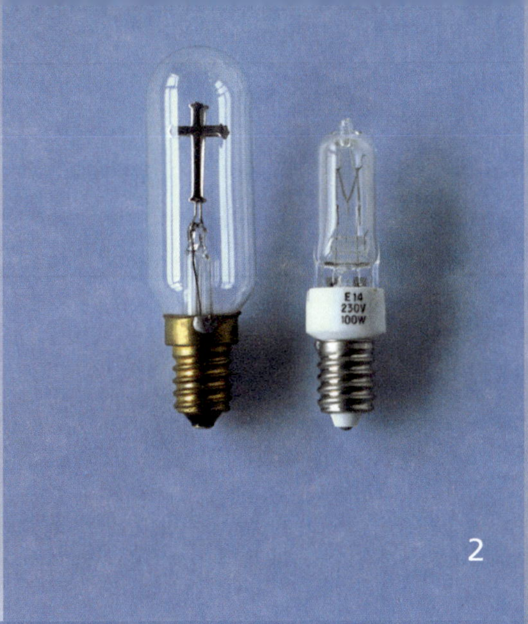

2

3

4

5

6

7

8

1 Ampoule lumière du jour et ampoule vert pastel d'ambiance
2 Ampoules décoratives en verre transparent
3 Ampoules flammes Flicker
4 Ampoules flamme, grand siècle en verre transparent
5 Ampoule flamme coup de vent en verre dépoli et ampoule flamme
6 Guirlande électrique et galon lumineux
7 Veilleuse
8 Ampoule jaune anti-insecte

Ampoules

Il existe une variété incroyable d'ampoules, différentes les unes des autres par leur forme, leur couleur, leur aspect, leur puissance et leur luminosité. Pour mieux les choisir et mieux les connaître, voici quelques renseignements utiles.

Les ampoules incandescentes classiques et halogènes

Elles contiennent un filament de tungstène qui, en s'échauffant au passage du courant, produit de la lumière. Il dégage environ 20 % de lumière pour 80 % de chaleur.

• L'ampoule classique est remplie d'azote et d'argon, deux gaz inertes, pour augmenter la résistance du filament de tungstène. Elle peut également contenir du krypton ou du xénon.

Économique à l'achat, elle consomme beaucoup d'énergie. Sa durée de vie est d'environ 1 000 heures, son rendu des couleurs est bon et elle renforce les tonalités chaudes. Utilisez-la plutôt pour des durées d'utilisation courtes.

• Les ampoules halogènes contiennent un gaz du même nom qui, en provoquant une réaction chimique, permet de restituer au filament une partie du tungstène évaporé.
Cette réaction chimique augmente sa durée de vie mais a lieu à très haute température. Les ampoules halogènes sont donc recouvertes de quartz, matériau capable de supporter une telle chaleur.
On recommande de ne pas toucher l'ampoule avec les doigts pour ne pas endommager la fine couche de quartz.

Elle n'est pas plus économique et son coût est plus important que celui de l'ampoule à incandescence mais elle émet 20 % de lumière en plus et sa durée de vie est deux à quatre fois plus importante.

Sa lumière est la plus proche de celle du jour. Le rendu des couleurs est excellent.

Les ampoules à luminescence fluocompactes et néons

Les ampoules fluorescentes, dites néons, et les ampoules à économie d'énergie dites fluocompactes fonctionnent sur le même principe : un tube équipé à chacune de ses extrémités d'une électrode. Il renferme un peu de mercure dans un gaz rare, le néon. L'intérieur du tube est couvert d'une fine couche de poudre fluorescente qui rend visible le rayonnement ultraviolet issu d'une décharge électrique produite dans des vapeurs de mercure.

Cinq fois plus économiques que l'ampoule à incandescence, l'ampoule fluorescente a une durée de vie d'environ 8 000 heures.

Son rendu des couleurs est moins bon que celui de l'ampoule halogène. Il est donc conseillé de l'associer à d'autres types de sources lumineuses.

Les culots des ampoules incandescentes classiques

• le petit culot à visser E 14

• le gros culot à visser E 27

• le culot à baïonnette B 22

Le petit culot E 14 à visser est celui que l'on rencontre le plus souvent dans le montage des lustres et des lampes. Le culot à baïonnette B 22 se fait de plus en plus rare. Le culot E 27 offre un énorme choix d'ampoules.

Les culots des ampoules incandescentes halogènes

• Les ampoules halogènes 230 volts ont des formes semblables aux incandescentes classiques mais un peu plus allongées. Leurs culots sont disponibles en E 14, B 22 et E 27.
• Les crayons, dont la longueur varie de 78 à 118 mm, doivent être utilisés sous une glace de protection. Ils ont un culot R7s.

• Les spots dits « hi-spot » fonctionnent sous 230 volts. Ce sont des cônes d'éclairement comme les ampoules dichroïques mais ils fonctionnent sans transformateur. Leur culot est GU10.

• Les capsules 12 volts fonctionnent sur des luminaires équipés de transformateurs et ont des culots GY6.35.

• Les pépites dichroïques fonctionnent aussi avec un transformateur et sont équipées d'un culot GU5.3.

Les culots des ampoules fluorescentes à économie d'énergie

Avec un culot B 22 ou E 27, elles s'utilisent sur des douilles classiques. Elles ont des formes variées : ampoule classique, flamme, torsadée, globe ou tubulure compacte.

Douilles, fils et câbles

Les douilles

Pour chaque culot, il existe une douille adaptée.

Les douilles à baïonnette de type B 22 sont de moins en moins utilisées. Elles existent en laiton ou en plastique.

Les douilles à vis de type E 27 ou

E 14 équipent tous les luminaires du commerce et permettent d'utiliser toutes sortes d'ampoules.

Dans une douille, il y a :

- Un noyau en plastique isolant ou en porcelaine. Il est équipé de deux contacts avec l'ampoule et de deux bornes sur lesquelles sont raccordés les deux fils électriques.
- Un culot, la partie inférieure de la douille dans laquelle est placé le noyau, percé pour le passage du câble électrique et équipé d'un pas de vis interne de 10 mm de diamètre qui permet de fixer la douille sur une tige filetée.
- Un corps assemblé sur le culot par vissage ou clipsage. Il est équipé d'un pas de vis pour visser l'ampoule. On y trouve aussi parfois une ou deux bagues à vis pour la fixation d'un abat-jour.

Les fils et les câbles

Les fils et les câbles électriques sont des conducteurs qui permettent la circulation de l'électricité.

Qu'ils soient souples ou rigides, plus ou moins épais, leur couleur et leur nom sont codés.

Les câbles électriques sont composés de plusieurs fils regroupés dans une gaine protectrice. Chacun de ces fils est constitué d'une âme conductrice en cuivre entourée d'une enveloppe isolante.

Les câbles domestiques contiennent généralement deux ou trois fils. Ils sont rigides lorsqu'ils sont destinés à un usage fixe et souples pour tous les autres usages.

Leur section est exprimée en millimètres carrés. Plus la section est importante, plus le fil ou le câble est épais et plus il peut faire passer d'intensité.

Les normes définissent des codes couleurs pour l'utilisation des fils :

- le fil de terre est jaune et vert,
- le neutre est bleu,
- la phase est rouge ou noire.

Leur nom, composé de lettres et

de chiffres, donne des informations utiles et précises. Il est toujours suivi par l'indication de la section du fil ou du câble. Dans le cas des câbles, on trouve entre le nom et la section l'indication d'un fil de terre : la lettre G indique la présence d'un fil de terre, que la lettre X son absence.

Les principaux câbles que vous aurez à manipuler lors de montages de luminaires sont les suivants :

Le câble HO3VVH2F

Constitué de 2 fils enveloppés dans une gaine aplatie, il est utilisé pour l'alimentation des luminaires et des appareils domestiques de petite puissance.

Le câble H03RTF

Ce câble est préconisé pour l'équipement des lustres. Il est recouvert de tissu et existe en plusieurs coloris.

Le câble H07RNF

Grâce à sa gaine en néoprène, ce câble offre une grande résistance à l'humidité et aux chocs. Il est indiqué pour réaliser des éclairages de jardin.

Spécial : le fil TBT

En cuivre argenté, enveloppé par une gaine isolante transparente, il est destiné au montage des spots halogènes suspendus sur câbles.

1

2

3

4

5

6

7

1 Douille E 27 à baïonnette en acier laitonné sur patère
2 Douille E 27 et E 14 en acier laitonné et collerette en porcelaine
3 Douilles E 27 lisses noire, blanche et argent
4 Douille E 27 chemise filetée avec bague et E 14 chemise lisse
5 Douille E 27 à vis avec bague chromée
6 Douilles avec interrupteur à tirette et à bascule
7 Douille B 22 et douille E 27 à vis avec bague chromée
8 Douille B 22 en plastique percée

8

1

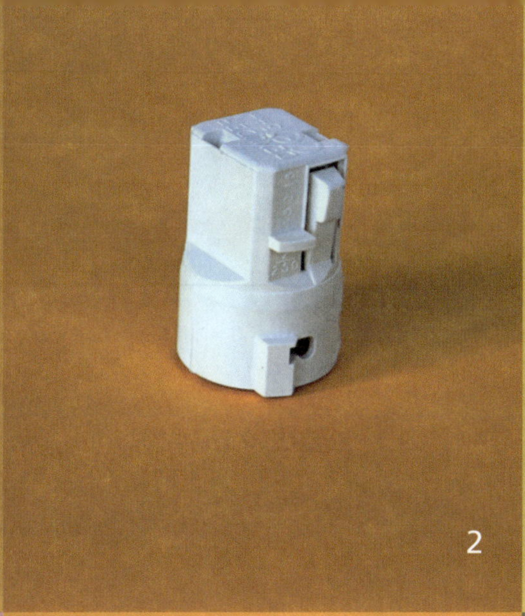

2

3

4

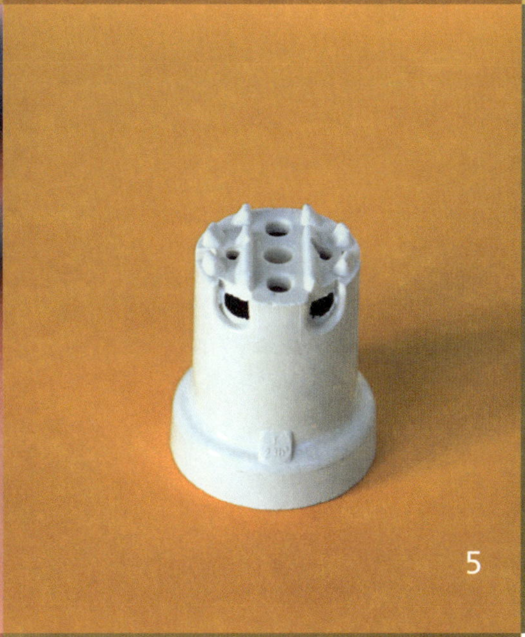

5

6

7

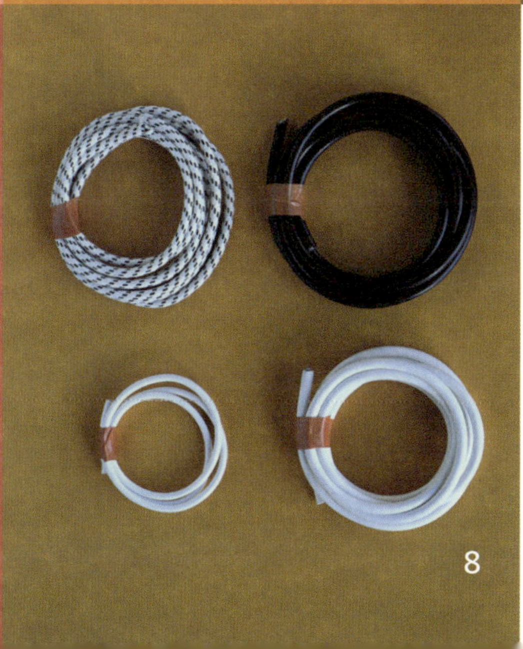

8

1 Douille E 14 chemise filetée avec bague
2 Douille B 22 de chantier
3 Douille E 27 monobloc chemise filetée
4 Câble rigide noir avec terre (H07RNF)
5 Douille avec fixation arrière par vis
6 Câble rigide blanc sans terre (H03VVH2F)
7 Câbles électriques gainés textiles (H03RTF)
8 Câble textile avec terre, câble rigide noir avec terre, câble rigide blanc sans terre, câble rigide avec terre

Fiches, interrupteurs, variateurs et petites fournitures

Les fiches

Il existe des fiches 6 ampères et des fiches 10/16 ampères.

Elles sont toutes deux adaptées au même type d'usage, c'est-à-dire à équiper une lampe ou un appareil électrique d'une puissance inférieure à 1300 watts. La première est équipée pour recevoir trois fils dont un pour la terre, l'autre accueille seulement deux fils et ne comporte pas de fil de terre. Il existe plusieurs modèles de fiches dont le montage varie mais le principe et les étapes de montage sont identiques.

Les interrupteurs et les variateurs

L'interrupteur de fil souple est destiné à l'allumage des lampes dont la puissance est inférieure à 400 watts. Il existe deux types d'interrupteurs de fil : l'interrupteur monopolaire qui ne coupe le courant que sur un seul fil et l'interrupteur bipolaire qui assure la coupure du courant sur les deux fils. Le variateur a la même fonction que l'interrupteur mais il permet de modifier l'intensité de la lumière grâce à un mécanisme électronique. Son montage est identique à celui d'un interrupteur.

Le variateur offre l'immense avantage de pouvoir moduler l'intensité de la lumière sans modifier la source. Au rythme des heures de la journée et des saisons, la lumière du jour ne pénètre pas de la même manière dans la maison et il est très agréable de pouvoir faire évoluer nos besoins en éclairage.

Fournitures particulières (voir aussi pages 18-19)

• Le pavillon sert à cacher le raccord des fils sur le domino situé au plafond lors du montage des lustres. En plastique, en porcelaine, en laiton ou laiton chromé, on en trouve de toutes les formes dans tous les styles.

• la griffe sert à maintenir un globe de verre sur une suspension ou un lustre.

• les raccords plaque servent dans l'assemblage des lampes, à fixer une douille sur un support plat comme pour la " Lampe Gâteau " page 42.

• le raccord binet s'utilise pour le montage de bouteille en lampe par exemple. En insérant le raccord binet dans le goulot de la bouteille et en l'adaptant à ce dernier au moyen d'un écrou situé dans le raccord binet, on peut y fixer une douille.

• le serre câble (en plastique, de couleur blanc ou noir) permet d'alléger la tension sur un câble électrique en bloquant ce dernier à sa jonction avec une structure (pavillon, lustre…) et permet une finition soignée.

• la bague de réduction sert à réduire le diamètre de la bague d'une carcasse pour pouvoir monter cette dernière sur un pied de lampe par exemple.

• les dominos, vendus en barrettes, petits ou moyennement gros, servent au raccord des fils électriques dans les montages de lampe. Plus couramment, on utilise un domino pour raccorder un lustre aux fils électriques sortant d'un plafond, ou une applique aux fils sortant d'un mur.

1

2

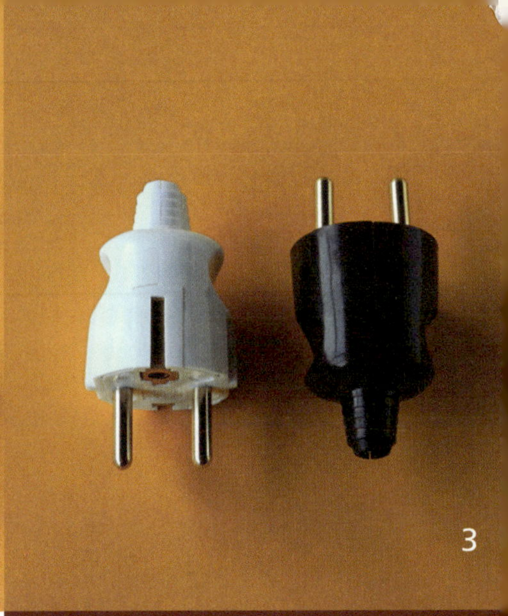

3

4

1 Fiche mâle et câble textile
2 Fiches mâles thermoplastiques
3 Fiches bipolaires avec terre
4 Fiches mâles suisse, anglaise, et américaines
5 Fiche femelle bipolaire avec terre
6 Fiche femelle thermoplastique
7 Interrupteurs avec touche luminescente
8 Variateur

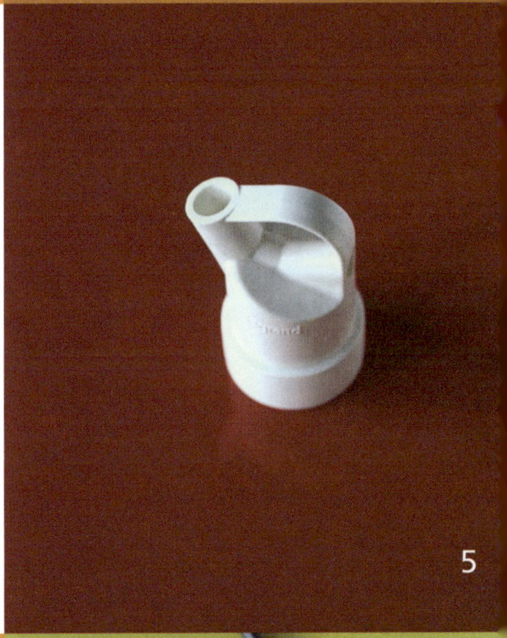

5

6

7

8

1

2

3

4

1 Cercle avec pince
2 Carcasse empire
3 Armature trois pieds
4 Cercle simple, cercle double-bague excentré et cercle double-bague
5 Pavillon en porcelaine
6 Carcasse pour lustre de lampe de chevet
7 Fixation pour plafonnier
8 Ressort à 3 branches

5

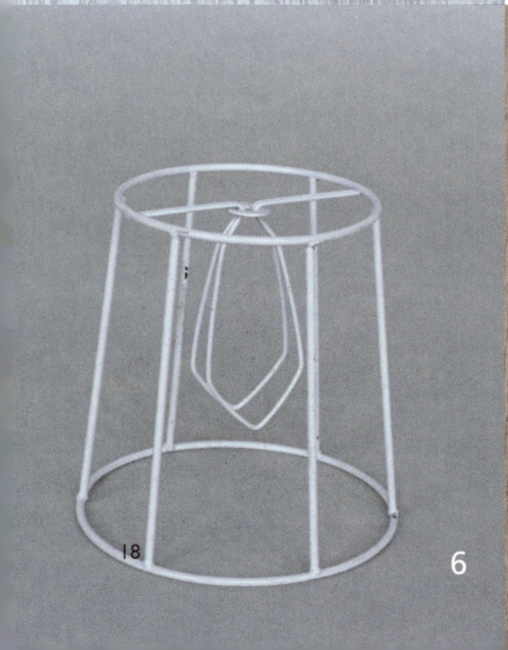

6

7

8

1 Raccords en acier : mâle et femelle, double femelle et écrou à 6 pans
2 Raccord binet
3 Griffe laitonée
4 Domino
5 Bagues de réduction
6 Serre-câbles
7 Raccords plaque femelle et mâle avec bec
8 Support pour fourreau E14 et fourreau en carton blanc antique

Petit matériel

Les carcasses d'abat-jour (voir aussi pages 18-19)

Les carcasses d'abat-jour sont généralement en cuivre, peintes ou non, parfois recouvertes de plastique blanc : abat-jour cylindrique à 3 pieds à poser, dôme, empire, américaine, en forme de pagode, pour lustre de chevet à 6 branches avec pince pour ampoule flamme, abat-jour plissé...

Il existe également des cercles libres en métal, simples ou doubles avec une bague, des ovales, des carrés... Ils permettent de réaliser des abat-jour sans armature verticale. Ils sont réservés aux matériaux d'habillage relativement rigides et solides.

Il existe deux systèmes permettant la pose d'un abat-jour sur une lampe : la bague à insérer autour du corps de la douille et à fixer grâce à une autre bague munie d'un pas de vis ; la pince qui se clipse directement sur l'ampoule.

Faire des abat-jour

Vous pourrez fabriquer un patron d'une carcasse si les montants verticaux sont droits, en faisant rouler la carcasse sur du papier à patron et en traçant sa trajectoire en haut et en bas : marquez un repère sur l'un des cercles, partez de ce repère et arrêtez-vous lorsque vous le voyez à nouveau. Ajoutez 2 cm en haut et en bas pour pouvoir ajuster. Utilisez des colles adaptées aux matériaux et faites toujours un essai sur un échantillon avant de vous lancer. Pour les finitions, en haut et en bas, utilisez de la bordure textile adhésive qui existe dans plusieurs coloris et que l'on pose à cheval sur la carcasse.

Les colles

- L'utilisation de la colle en bombe est différente de celui de la colle en tube. Transformez un petit carton d'environ 30 x 50 cm en « boîte à colle ». Disposez-y la feuille ou les éléments à encoller. Secouez la bombe puis pulvérisez à 30 cm, en gardant la bombe bien verticale. Attendez quelques secondes puis décollez les éléments pour les replacer à leur emplacement définitif.
- La colle à chaud (en bâtonnet) est à utiliser avec un pistolet à colle. C'est une colle qui sert pour assembler de nombreux matériaux comme le bois, le carton, le cuir, le plastique, le verre, la porcelaine... Avec le pistolet à colle, le collage est presque immédiat et il offre une souplesse d'assemblage. Seul danger, la colle est brûlante à la sortie du pistolet et l'on peut se brûler si l'on ne fait pas preuve de vigilance.
- Les colles cyanolycrates à prise rapide ou immédiate. Il en existe qui sont multi-usages et d'autres, seulement pour le verre, le cristal et le métal.
- Les colles epoxy, à 2 composants à mélanger au moment de l'assemblage. Elles ont des durées de prise rapide, très rapide ou progressive.
- Les colles liquides pour plastiques rigides (PVC, ABS, polystyrène rigide...)
- Les colles mastic comme la colle mastic pour miroir ou les pâtes à coller à base de résine epoxy.
- Les colles blanches vinyliques pour le papier, le bois, le carton, le tissu...
- Les colles à papier peint.

Les papiers et adhésifs

- Kraft gommé : kraft en rouleau écru ou blanc, que l'on trouve en différentes largeurs et dont une face est gommée. On l'utilise pour l'assemblage du carton en particulier.
- Polyphane adhésif : feuille de polyphane translucide qui permet le contre-collage du papier, de la soie ou du papier. Utilisé pour la fabrication des abat-jour.
- Rhodoïd : feuille transparente pour la protection des surfaces telles que le papier, le carton. Elle a un aspect très brillant.
- Toile adhésive en coton : sert pour la réparation de livres, l'entoilage ou les bordures d'abat-jour. Existe en différentes largeurs et en plusieurs coloris.

Pour réaliser des lampes vous-même, vous aurez besoin du matériel de base de tout bricoleur qui se respecte... Impossible d'en dresser la liste exhaustive. Dans ce livre, vous trouverez des indications très précises sur le matériel à rassembler pour la réalisation de chacun des projets proposés.

Tournevis testeur etc.

Pour réaliser les montages électriques, vous n'aurez besoin que d'un petit tournevis plat isolé et, éventuellement, d'un détecteur de tension, d'une pince coupante et d'une pince à dénuder.

Ces matériaux sont vendus dans les magasins de loisirs créatifs ou les papeteries spécialisées.

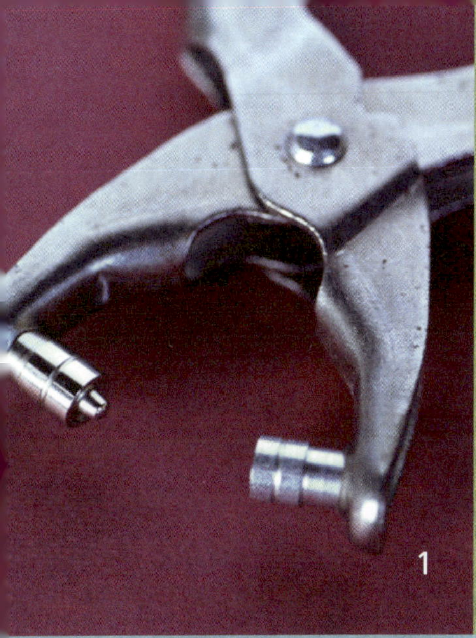
1

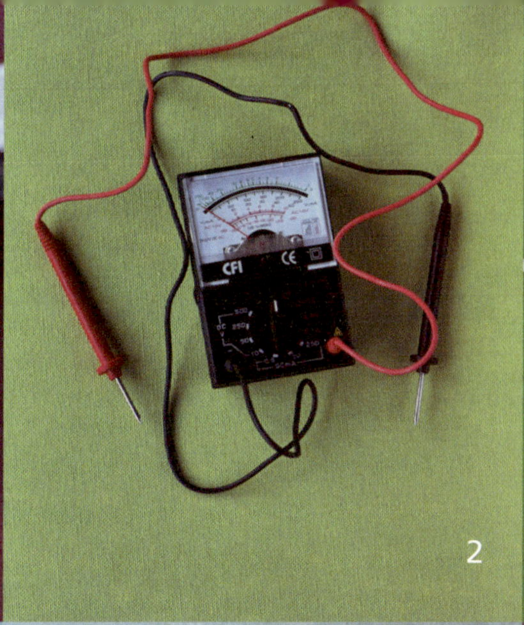
2

3

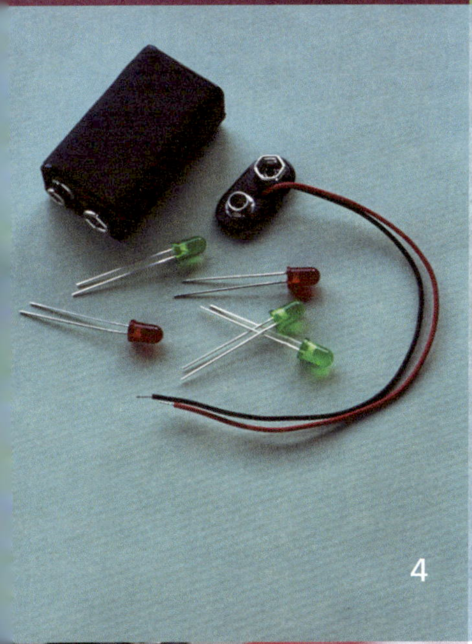
4

5

6

7

1 Pince à œillet
2 Potentiomètre
3 Manchon de sécurité
4 LED, pile 9 V et coupleur de prise
5 Rallonge électrique avec terre
6 Fil de soudure
7 Fer à souder et fil de soudure
8 Adaptateur de douille B22
en douille E14

8

Montages électriques

Le montage en parallèle

Il s'agit d'un montage de plusieurs ampoules reliées entre elles par du fil électrique et branchées les unes sur les autres.

Si l'une des ampoules est dévissée, absente ou grillée les autres fonctionnent, contrairement à un montage en série dans lequel le courant passe par toutes les ampoules simultanément.

Pour réaliser un montage de ce type, choisissez attentivement le câble électrique que vous allez employer. Vous devez connaître le nombre d'ampoules et leur puissance active en watts pour déterminer la puissance du câble, qui sera la somme des puissances de toutes les ampoules, en la limitant à 500 watts. Choisissez de préférence des ampoules entre 15 et 40 watts pour limiter les risques de chauffe et éviter une luminosité trop forte.

La longueur du câble électrique nécessaire est déterminée par le nombre d'ampoules que vous souhaitez monter en parallèle et par la distance comprise entre chacune d'elles. Il faut aussi prendre en compte la longueur du câble nécessaire au branchement de la guirlande au secteur. Coupez le câble en autant de morceaux que nécessaire.

Pour le montage, équipez l'une des extrémités d'une longueur de câble d'un interrupteur bipolaire et l'autre d'une fiche mâle.

Faites partir une autre longueur de câble de l'interrupteur, fixez son extrémité à une douille en passant chaque brin dans un bornier.

Sur cette même douille, installez une nouvelle longueur de câble en fixant les deux brins sur les borniers de la douille. À l'autre extrémité, fixez les deux brins sur la douille suivante comme précédemment.

Pour finir le montage, il suffit de fixer les deux brins du dernier câble dans les borniers de la dernière douille sans faire repartir une nouvelle longueur de câble.

Pour une réalisation plus soignée, placez un serre-câbles sur chaque douille.

Reportez-vous page 124 et suivez les indications pas à pas de la guirlande d'ampoules pour plus de précisions.

Le montage simple d'une lampe

Ce montage alimente chaque ampoule de façon indépendante.

Qu'il s'agisse du montage d'une lampe à suspendre ou à poser le principe restera le même.

Il vous faut :

- 1 pince à dénuder
- 1 pince coupante
- 1 tournevis d'électricien (isolé)
- 1 douille
- 1 ampoule adaptée à la douille
- 1 interrupteur bipolaire
- 1 fiche mâle
- du câble électrique deux brins

Dénudez les deux brins supérieurs du câble électrique sur 1 cm. Torsadez-les puis, après avoir démonté la douille, passez les extrémités du câble dans son culot avant d'insérer chaque fil dans un côté du bornier de la douille. Serrez.

Replacez la noix de la douille dans le culot et vissez le corps. La douille peut être vissée sur une tige filetée creuse de 10 mm de diamètre mais tout dépend de votre projet.

Comptez 30 cm à partir de l'endroit où le câble électrique devient visible et sectionnez-le pour poser l'interrupteur.

Dénudez les 4 brins et torsadez-les avant de les connecter dans les bornes de l'interrupteur, deux par deux. Refermez le boîtier.

Posez la fiche mâle à l'extrémité du câble électrique : dénudez les fils, torsadez-les, passez-les dans le cache de la fiche, fixez-les dans les bornes, vissez et refermez le couvercle.

lumière

t a m i s é e

Idées

En Scoubidou

Fixez l'extrémité d'un fil scoubidou avec un nœud à un des cercles de la carcasse et tendez des lignes de fils verticales, espacées de 2 cm les unes des autres, tout autour de la carcasse. Attachez un autre fil scoubidou à un des montants verticaux de la carcasse au ras du cercle du haut et faites le tour de l'abat-jour en passant votre fil une fois au-dessous, une fois au-dessus des fils verticaux et continuez ainsi de suite. Terminez en faisant un nœud. Rentrez les nœuds à l'intérieur de l'abat-jour et coupez l'excédent aux ciseaux. Gansez les deux cercles de la carcasse avec du fil scoubidou en faisant tourner ce dernier autour de la tubulure en métal.

Lumière d'argent

Avec le papier calque, reproduisez le patron donné page 134 sur du polyphane, du papier argent ou or et du papier popset en ajoutant une marge de 1 cm sur un des petits côtés. Découpez et encollez le popset sur la face adhésive du polyphane.
Avec la colle en bombe, appliquez la feuille d'argent sur l'envers du polyphane. Entourez la carcasse de votre montage et assemblez les deux bords avec de l'adhésif double-face. Ajustez le papier à la carcasse en rasant au cutter le débord éventuel.
Pour plus de netteté, rentrez avec la pointe des ciseaux le bord de papier sous le cercle de métal à l'intérieur de l'abat-jour.
Aidez-vous de pinces à linges pour maintenir le papier sur la carcasse le temps que la colle sèche.

Papier piqué

Reproduisez la forme du gabarit de la page 135 sur le papier vergé en utilisant une feuille de papier-calque. Utilisez une machine à coudre pour piquer des lignes parallèles aux petits côtés du contour tracé sur le papier vergé. Créez du rythme en espaçant lignes et points. Découpez le papier, roulez la feuille découpée sur elle-même, enfilez-la sur la carcasse d'abat-jour et collez les petits côtés l'un sur l'autre. Lorsqu'il est sec, découpez l'excédent de papier au ras des cercles métalliques avec des ciseaux, en haut et en bas. Déposez de la colle sur le papier en haut et en bas pour fixer les cercles métalliques.

Transfert

Pour faire le transfert, suivez les instructions du fabricant de papier transfert pour tee-shirt. Découpez le tissu selon le tracé au crayon que vous aurez réalisé grâce à une feuille de papier calque et au gabarit de la page 134. Roulez le tissu découpé sur lui-même et appliquez-le sur la carcasse d'abat-jour. Déposez de la colle sur le petit côté et formez l'abat-jour. Collez-le sur lui-même pour le fermer. Lorsque le collage est sec, découpez l'excédent de tissu au ras des cercles métalliques avec des ciseaux, en haut et en bas. Déposez de la colle sur le tissu en haut et en bas pour le fixer sur les cercles métalliques.

Idées

Cylindres lumineux

Une feuille enroulée sur elle-même habille magnifiquement une ampoule toute nue. Inspirez-vous des explications de la Lampe drap à la page 38, pour fabriquer une base en ciment sur laquelle vient se visser une petite douille. Choisissez un papier qui deviendra le corps de la lampe. Enroulez cette feuille sur elle-même autour de la base en ciment, recoupez-la éventuellement pour l'ajuster, collez. Posez un œillet en bas pour le passage de câble, et le tour est joué !

Variez les idées :
Intérieur rouge : papier origami rouge à l'intérieur, papier bristol blanc à l'extérieur. Le décor est à découvrir lampe allumée !

Papier résiné par endroits : papier imprimé olive à l'intérieur, papier bristol blanc à l'extérieur et dépôt de résine transparente sur deux bandes horizontales qui ajoute encore un niveau de transparence.

Papier imprimé à l'extérieur : papier d'offrande chinois, rouge ajouré, collé sur du polyphane adhésif et recoupé selon son propre motif sur le bord inférieur en forme de zigzag. Inutile ici de prévoir un passage du fil électrique.

Noodle cup

Posez la carcasse de lustre de chevet sur le fond d'un pot de soupe en le centrant et relevez son contour au crayon à papier. Dessinez au compas un cercle de diamètre inférieur de 2 cm au centre de celui que vous venez de tracer.
Évidez le plus petit des cercles au cutter.
Avec la colle néoprène, collez la carcasse au pot de soupe en la plaçant à l'intérieur de celui-ci.
Si votre pot s'adapte au diamètre de la carcasse, coupez simplement le haut du pot glissez-en la carcasse à l'intérieur. Mettez quelques points de colle néoprène si besoin.

Abat-jour avec couvercle

Avec le papier calque, reproduisez le patron donné page 134 sur le polyphane et le papier popset en ajoutant un bord de 1 cm sur un des petits côtés.
Posez le haut de la carcasse sur le polyphane pour reproduire son tracé et ajoutez une marge de 1 cm tout autour.
Découpez les tracés au cutter et collez le popset sur la face adhésive du polyphane en centrant les formes du premier tracé sur celles du second.
Crantez les bords en papier popset du dessus et du tour de l'abat-jour.
Appliquez le dessus de l'abat-jour sur le haut de la carcasse et fixez-le avec de la colle universelle.
Collez les languettes du couvercle et fixez-les au bord haut du tour de l'abat-jour.
Ajustez le tour sur la carcasse et assemblez les deux petits côtés avec du ruban adhésif double-face.
Fixez le bord cranté du tour de l'abat-jour au cercle du bas de la carcasse en rabattant les languettes vers l'intérieur. Avec la pointe des ciseaux, rentrez le débord de papier sous le cercle de métal à l'intérieur de la carcasse. Maintenez le papier sur la carcasse à l'aide de pinces à linge le temps que la colle sèche.

CUP

Lanterne magique

Les lanternes magiques ont bercé notre enfance de personnages et d'animaux familiers aux vertus hypnotiques qui tournaient autour d'une veilleuse. Sur le principe d'un abat-jour intérieur qui tourne grâce à la chaleur de l'ampoule, cette lanterne magique s'habille de rayures larges et fraîches lorsqu'elle est éteinte puis de rayures fines et acidulées lorsque la lumière révèle les couleurs du second abat-jour.

Matériel divers pour la lampe

- 1 cercle simple avec pince de 7 cm de diamètre pour ampoule ronde
- 1 cercle simple de 11 cm de diamètre
- 1 cercle de cuivre double avec bague de 20 cm de diamètre
- 1 tête de rivet tubulaire nickelé de 4 mm x 12 mm
- pâte à modeler
- 1 planchette de pin de 14 cm x 14 cm et de 2,5 cm d'épaisseur
- 40 cm x 60 cm de polyphane transparent
- 1 feuille A4 de rhodoïd
- feuilles A4 de papier calque de couleur de 70 ou 90 g (blanc nacré, vert anis, bleu doux, turquoise)
- feuilles A4 de papier calque
- 1 feuille d'aluminium de 15 cm x 21 cm, de 3 mm d'épaisseur ou le fond de 1 barquette alimentaire aplatie avec un rouleau à pâtisserie
- peinture acrylique (mélange de blanc avec une pointe de bleu céruléum et de terre brûlée)
- adhésif repositionnable
- papier de verre très fin
- 1 planchette pour poser le fer à souder et la pâte à modeler
- pâte à bois
- colle pour plastiques souples et rigides

Matériel électrique

- 1 ampoule à vis E 27 de 60 watts de 10 cm de haut
- 1 douille noire E 27 à tirette avec bague
- 4 raccords femelles becs mâles chromés pour les pieds
- 1 patère mâle chromée de 4 cm de diamètre
- 1 fiche mâle bronze coudée
- 1 tube de laiton chromé de 25 cm et de 10 mm de diamètre
- 1,5 m de câble électrique torsadé gainé de tissu argent

Outils

- 1 couteau de peintre
- 1 fer à souder
- 1 pince plate effilée
- 1 tournevis plat
- 1 pince à dénuder
- 1 perceuse électrique et 1 mèche à bois de 10 mm de diamètre
- 1 scie à bois
- 1 pinceau souple aux poils doux et de la peinture vitrail (jaune, rose, rouge)

Lanterne magique

1
Reproduisez sur le côté blanc non adhésif de la feuille de polyphane le gabarit du grand abat-jour de la page 137 à l'aide de papier calque. Découpez en ajoutant 1,5 cm sur les deux longueurs. Découpez les morceaux de papier calque de différentes couleurs avec les marges en haut et en bas. Décollez petit à petit la protection de l'adhésif. Collez le morceau de papier calque vert anis en alignant son côté droit sur le premier repère vertical. Collez le côté gauche du morceau suivant contre le premier et ainsi de suite.

2
Recoupez les deux petits côtés à droite et à gauche. Retirez une bande de 4 mm de papier calque de couleur sans couper le polyphane. Gommez les traits et formez l'abat-jour. Faites se chevaucher les deux petits côtés sur la bande de collage.

3
Consolidez l'abat-jour en collant le cercle simple de 11 cm et le cercle double de 20 cm de diamètre. Retournez l'abat-jour et enduisez le premier cercle de colle. Disposez-le parallèle au plan de travail sur lequel il est posé. Lorsque la colle est sèche, retournez l'abat-jour et collez le cercle double de 20 cm de diamètre de la même façon.
Une fois l'ensemble sec, recoupez le polyphane au ras des cercles.

4
Reproduisez le gabarit de la page 136 sur une feuille d'aluminium à l'aide de papier calque. Repassez sur le tracé avec le poinçon. Découpez les ailettes et pliez les extrémités de chaque rayon. Pliez les ailettes en vous aidant du patron. Découpez une forme d'étoile de 1 cm de diamètre au centre des ailettes. Repliez par-dessous les pattes triangulaires formées par la découpe en étoile. Elles doivent se trouver du même côté que les parties pliées des ailettes ou des extrémités des rayons également pliées. Collez la tête du rivet sur le trou central.

5
Utilisez le gabarit de la page 136 pour fabriquer le petit abat-jour. Reportez la forme sur une feuille de rhodoïd. Peignez 4 rayures en respectant les coloris indiqués. Commencez par appliquer 2 teintes situées à l'opposé l'une de l'autre. Lorsqu'elles sont sèches, peignez les 2 autres teintes. Collez l'abat-jour sur lui-même. Placez les ailettes en haut de l'abat-jour et collez les extrémités des pattes une à une sur l'abat-jour.

6
Sectionnez les deux rayons du cercle avec pince de 7 cm de diamètre pour ne garder que la pince. Prélevez 2 cm de tige droite sur le diamètre sectionné. À l'aide d'une lime, rendez pointue l'une des extrémités.

7
Placez-la sur l'ampoule et notez l'écartement de cette dernière. Imprimez la pince dans la même position dans un pain de pâte à modeler posé sur une planchette. Soudez l'extrémité non affûtée de la pique au centre de la pince et assurez-vous de la verticalité de cet axe. Posez la pince sur l'ampoule en la centrant verticalement.

8
Appliquez de la pâte à bois en couches fines sur tous les côtés du bois avec un couteau de peintre. Laissez sécher. Poncez sans arrondir les angles. Renouvelez cette étape jusqu'à ce que la surface soit lisse. Peignez la planchette avec le mélange de peinture.
Passer 2 couches. Laisser sécher, poncez entre chaque couche. Sur la face opposée aux pieds, serrez les 2 vis qui maintiennent la patère sur le trou central.
Découpez un carré de 14 cm x 14 cm dans une planche en pin de 2,5 cm d'épaisseur. Poncez-la. Tracez les diagonales puis un repère sur chacune d'elles, à 1,5 cm de chaque angle. Percez au croisement des diagonales. Pour les quatre pieds, percez un trou de 7 mm d'épaisseur sur les repères. Vissez les 4 raccords chromés.
Vissez le tube de laiton chromé sur la patère. Réalisez le câblage de la douille à tirette. Passez le fil électrique dans le tube chromé et faites-le ressortir sous le socle en bois. Vissez la douille. Équipez l'extrémité du fil électrique de la fiche mâle.

9
Dévissez la bague en laiton sur la douille. Placez la bague du grand abat-jour autour de la douille et revissez la bague en laiton de cette dernière par-dessus. Vissez l'ampoule équipée de sa pique. Glissez le petit abat-jour dans le grand. La pique doit venir se loger dans la pièce de métal bombée située au centre des ailettes. Allumez l'ampoule. Elle chauffe et fait tourner le petit abat-jour.

1
2
3
4
6
7
8
9

Lampe en papier

Cette lampe en papier chinois tendu diffuse une lumière toute douce. Équipée de deux ampoules à allumer ensemble ou séparément, elle s'adapte facilement à toutes les ambiances tamisées.

Matériel divers pour la lampe

- 2 feuilles de papier fin imprimé: 1 de 27 x 27 cm et 1 de 90 x 35 cm
- liant acrylique de type Caparol
- ruban adhésif double-face
- fil de fer maillechort
- 2 carcasses d'abat-jour de 25 cm de diamètre et de 15 cm de haut
- 1 cercle double à bague de 25 cm de diamètre
- 1 armature 3 pieds pour abat-jour cylindrique

Matériel électrique

- 2 douilles E 27 à bague
- 3 m de câble électrique blanc
- 2 interrupteurs
- 2 fiches mâles

Outils

- 1 tournevis d'électricien
- 1 pince à dénuder
- 1 pince coupante
- 1 pinceau large
- 1 paire de ciseaux
- 1 cutter

南無阿彌陀佛

Lampe en papier

1
Appliquez 2 couches de liant acrylique avec un pinceau large sur chaque face des feuilles de papier en laissant sécher entre chaque couche. Retaillez-les à 31 cm de haut.

2 et 3
Fixez ensemble les 2 carcasses d'abat-jour identiques et le cercle double en les maintenant avec du fil de fer maillechort.

4
Montez 1,50 m de câble électrique sur chaque douille et placez ces dernières sur les carcasses. Installez l'armature 3 pieds sur la douille du bas.

5
Sur chaque câble électrique, montez un interrupteur, à 30 cm environ de la douille, et une fiche à l'extrémité.

6
Appliquez la feuille de papier enduit de 90 x 35 cm sur les carcasses. Fixez-la sur les armatures du haut et du bas en rabattant l'excès de papier vers l'intérieur de la lampe.

7
Collez le papier aux cercles de métal en travaillant parallèlement sur le haut et la base de la lampe.

8
Dans la feuille de papier enduit de 27 x 27 cm, découpez un disque aux dimensions de la lampe et appliquez du ruban adhésif double-face sur son pourtour.

9
Collez le disque pour fermer la lampe en tirant bien sur tout le tour et en le fixant sur le cercle du haut.

Conseil
Si vous n'avez pas de papier imprimé de grande taille, vous pouvez utiliser plusieurs feuilles de papier que vous collerez bout à bout avec du papier adhésif double-face afin de faire le tour complet des carcasses.

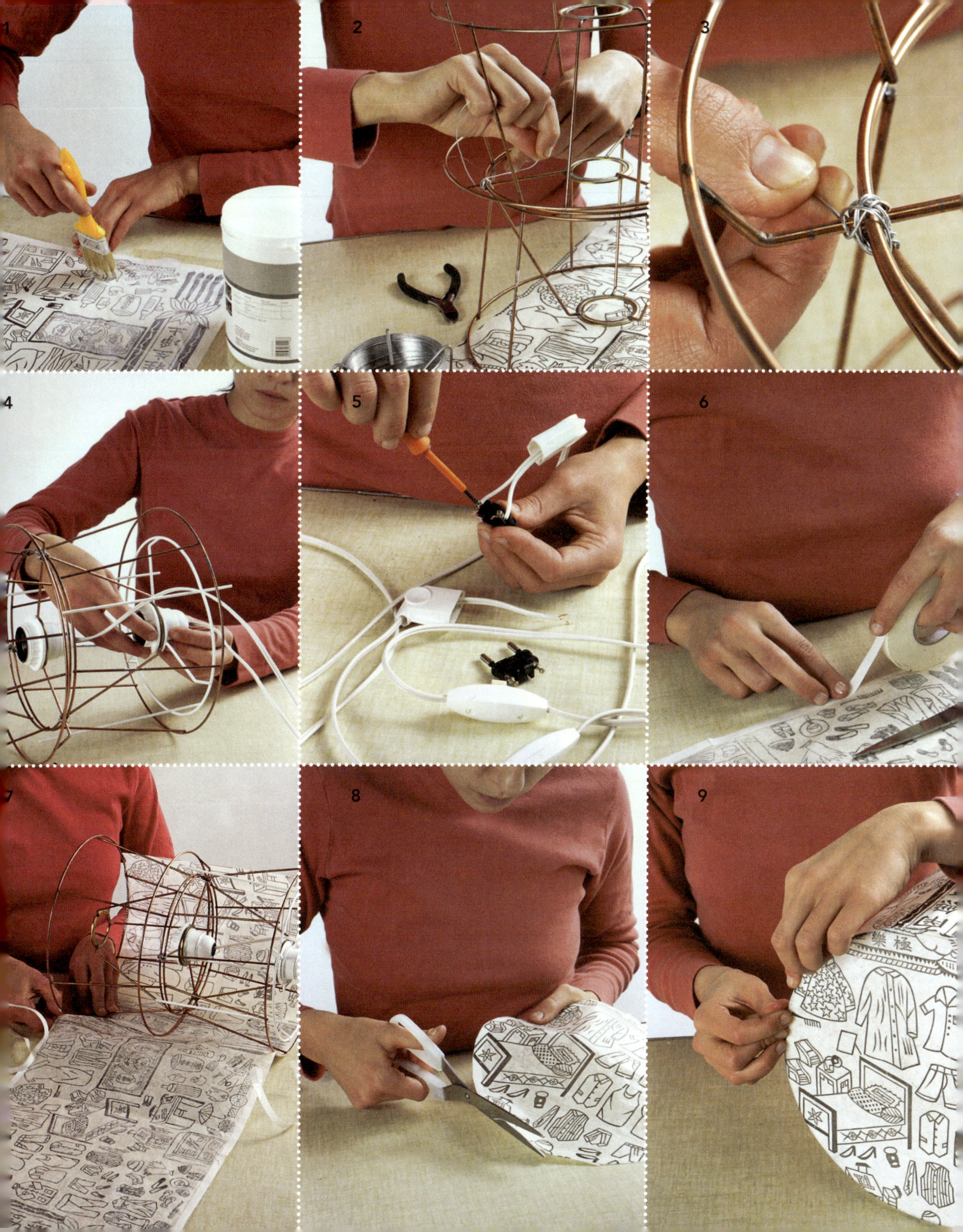
1
2
3
4
5
6
7
8
9

Lampe en drap

Offrez une seconde vie à vos tissus brodés ou imprimés, la lampe placée à l'intérieur produira des jeux de lumière des plus surprenants.

Matériel divers pour la lampe

- 1 boîte de crème fraîche en plastique
- 10 petits cailloux
- 1 morceau de vieux drap
- étiquettes textiles en tissu
- pâte à modeler
- vaseline
- ciment blanc
- 2 feuilles de rhodoïd
- 1 tige filetée creuse de 4 cm de haut et d'1 cm de diamètre
- 3 c. à s. de sucre

Matériel électrique

- 1,50 m de câble électrique fin transparent
- 1 interrupteur
- 1 prise électrique
- 1 douille
- 1 ampoule fluorescente économie d'énergie de 75 watts/16 watts avec pas de vis

Outils

- 1 pince à œillet et 1 œillet
- 1 machine à coudre

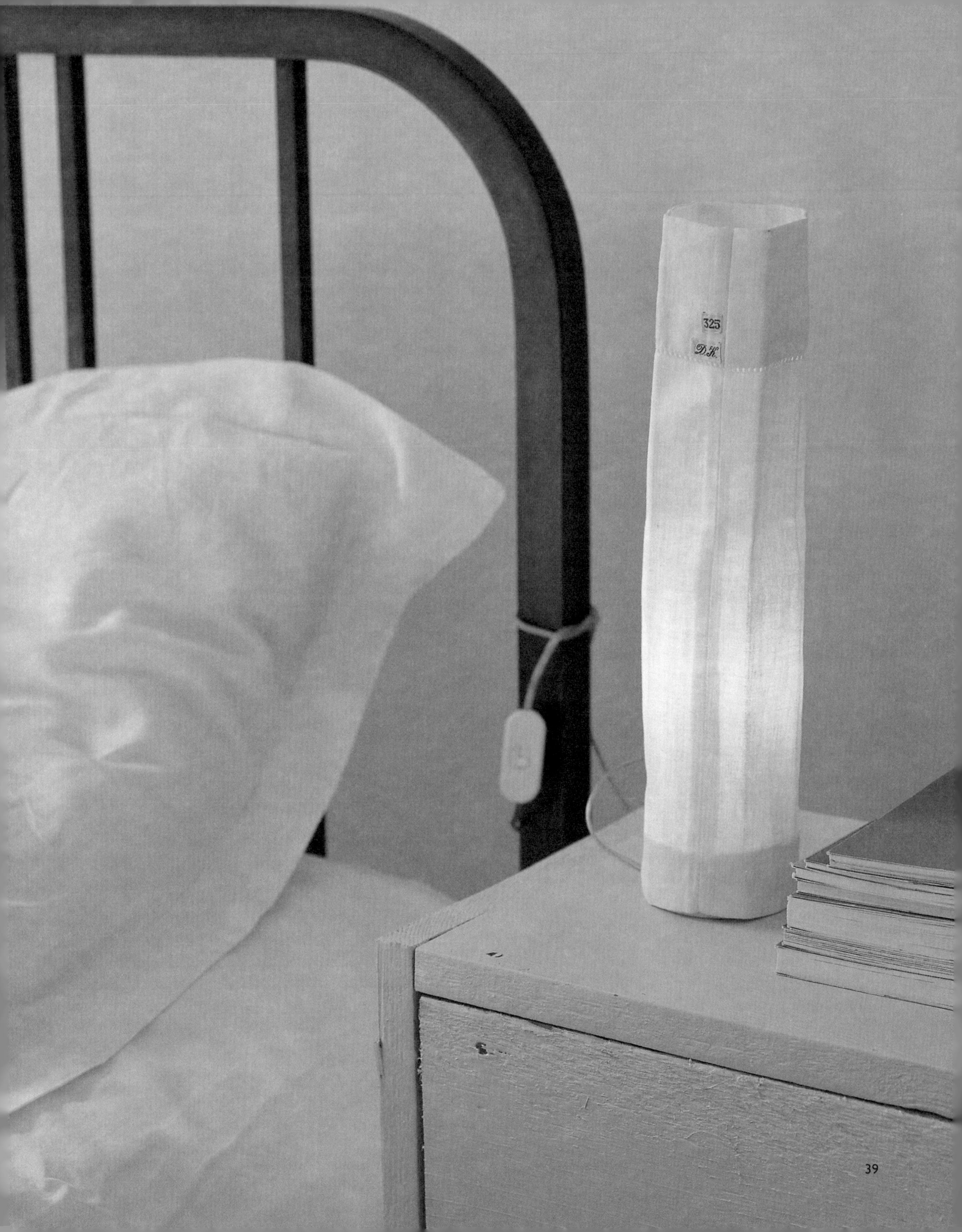
325
D.K.

Lampe en drap

1
Au fond d'un pot de crème fraîche en plastique de 7,5 cm de diamètre, posez un demi-cylindre de pâte à modeler d'un bord jusqu'au centre. Enfoncez verticalement une tige filetée dans la pâte au centre du pot.

2
Enduisez le pot de vaseline et préparez le ciment blanc. Coulez-le dans le pot, ajoutez 10 cailloux puis coulez de nouveau du ciment pour obtenir une base de 3,5 cm de haut. Tapotez le récipient pour éliminer les bulles et laissez sécher une nuit. Démoulez et retirez la pâte à modeler.

3
Avec une ficelle, mesurez le périmètre le plus large de la base en ciment. Ajoutez 1,5 cm à cette dimension pour obtenir la largeur du tissu. La hauteur est de 37 cm. Choisissez la partie ajourée d'un vieux drap. Placez le jour en haut, horizontalement devant vous, et repassez sur l'envers un ourlet de 2 cm en bas du tissu. Pliez le tissu, ourlet visible, et faites une couture sur toute la hauteur à 7 mm du bord. Retournez le tissu.

4
Choisissez des étiquettes comportant des noms, des nombres ou des initiales brodées puis cousez-les avec du fil de coton de la même couleur que le tissu utilisé pour le corps de la lampe. Posez un œillet sur l'ourlet à 1 cm du bord inférieur en vous aidant de la pince à œillets. Pour plus de facilité, faites un trou au préalable à l'aide d'une aiguille à tricoter ou d'un poinçon.

5
Préparez un sirop : mélangez 10 cuillères à soupe de sucre et 3 cl d'eau dans une casserole. Faites chauffer doucement pour dissoudre les grains de sucre. À l'intérieur du cylindre de tissu, placez les deux feuilles de rhodoïd roulées sur elles-mêmes et enduisez le textile de mélange sucré avec un pinceau.

6
Épongez l'excédent de sucre avec de l'essuie-tout puis séchez avec le sèche-cheveux pendant 5 minutes.

7
Retirez les feuilles de rhodoïd. Lorsque le tissu commence à devenir rigide, marquez 5 plis verticaux en pinçant le tissu fortement. Répétez ce geste plusieurs fois si nécessaire jusqu'à obtention de plis bien visibles.

8 et 9
Commencez par le montage de la douille puis passez le câble électrique dans la tige filetée de la base. Vissez la douille sur cette tige puis passez le câble dans l'œillet vers l'extérieur de la lampe. Placez un interrupteur à 70 cm de l'œillet puis montez une prise mâle à l'extrémité du câble. Vissez l'ampoule à économie d'énergie dans la douille.

Conseils

- Utilisez impérativement une ampoule fluocompacte de 40 watts environ. Ne dégageant qu'une très faible chaleur, elle peut être saisie à pleines mains. Cette précaution évitera que le tissu ne s'enflamme. Plus onéreuse qu'une ampoule classique, elle bénéficiera d'une durée de vie beaucoup plus longue et consommera moins d'énergie.
- Utilisez toutes sortes de tissus et donnez-leur une seconde vie. Qu'ils soient brodés ou imprimés, l'effet sera toujours intéressant et le jeu de la lumière surprenant. Vous pouvez avoir un aperçu de l'effet que vous obtiendrez en tendant le tissu entre vous et une source de lumière.

1
2
3
4
325
D.H.
5
6
7
8
9

Lampe gâteaux

Cette lampe d'appoint fabriquée avec une passoire et un dessous de plat trouvera sa place dans la cuisine entre les casseroles et les faitouts.

Matériel divers pour la lampe

- 1 passoire en métal de 12 cm de diamètre
- 1 dessous de plat en métal à pied de 15 cm de diamètre environ
- 2 vis à métaux de 3 x 16 mm
- 2 écrous de 3 mm
- 1 bombe de peinture orange
- 1 cercle double avec bague excentrée de 12 cm de diamètre

Matériel électrique

- 1 douille E 27 à bague
- 2 supports chromés pour douille
- 1,50 m de câble électrique
- 1 fiche mâle
- 1 interrupteur

Outils

- 1 tournevis d'électricien
- 1 paire de tenailles

Lampe gâteaux

1
Ôtez le manche de la passoire et rabattez la petite partie du cerclage déjà sectionnée vers l'intérieur.

2
Démontez la douille puis passez séparément les trois parties et le cercle double à la peinture orange. Laissez sécher.

3
Montez le câble électrique sur la douille.

4
Fixez la douille sur l'un des supports chromés.

5
Assemblez le dessous de plat entre les deux supports chromés, le deuxième support placé tête-bêche par rapport à celui du dessus.

6
Maintenez le tout avec les vis à métaux et les écrous.

7
Sur le câble électrique, montez l'interrupteur à 30 cm environ de la douille et la fiche à l'extrémité.

8
Fixez le cercle double sur la passoire en rabattant bien la petite partie métallique avec la tenaille afin de réaliser une attache solide.

4
5
7
8

Boule à riz

Un simple ustensile de cuisson et une boîte publicitaire en fer feront une parfaite lampe de lecture. Pour varier la lumière, il suffit d'ouvrir ou fermer la boule à riz.

Matériel divers pour la lampe

- 1 boule à riz en métal chromé
- 1 boîte publicitaire en métal
- 1 gros galet ou 1 grosse pierre
- 1 rondelle plate extra-large de 25 mm de diamètre et de 10 mm de pas de vis
- 1 raccord plaque
- colle époxy spéciale métal

Matériel électrique

- 1 douille chromée
- 1 flexible chromé
- 1 interrupteur
- 1 fiche mâle
- 1,50 m de câble électrique en tissu
- 1 serre-câbles
- 1 ampoule

Outils

- 1 perceuse électrique
- 1 mèche à métaux n° 10
- 1 tournevis d'électricien
- 1 pince à dénuder

KUB
GARANTI PRODUIT FRANÇAIS
HELVETICA
HOMAGE TO A TYPEFACE

Boule à riz

1
Avec la perceuse et la mèche n° 10, percez un trou au centre du couvercle et sur l'une des faces de la boîte.

2
Avec la même mèche à métaux, faites un trou sur le dessus de la boule à riz.

3
Assemblez la douille avec la boule à riz et le flexible.
Passez le câble électrique dans le flexible et raccordez-le à la douille.

4
Fixez le flexible sur le couvercle de la boîte en plaçant une rondelle entre les deux éléments. Elle maintiendra le tout avec le raccord plaque à l'intérieur du couvercle.

5
Passez le câble dans le trou réalisé précédemment sur le côté de la boîte et installez le serre-câbles.

6
Montez l'interrupteur sur le câble électrique, à 30 cm environ de la douille, et la fiche au bout du câble.

7
Lestez la boîte en plaçant un galet au fond et fixez le couvercle à la boîte avec de la colle époxy.
Fixez l'ampoule sur la douille.

1

Verser
½ litre d'eau
bouillante

2

3

4

Verser
½ litre d'eau
bouillante
pour ½ litre

5

6

7

KUB
Verser

lumière

des grands soirs

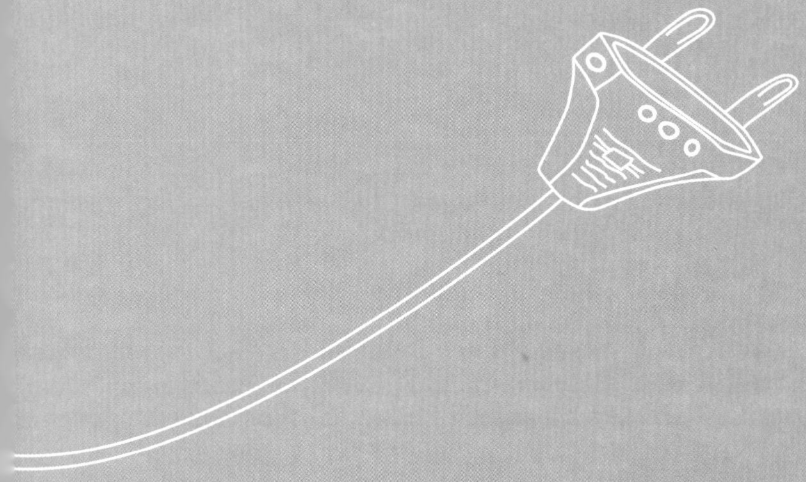

Lustres bricolés

Lustre en bronze et cristal

Ce lustre en guirlande de perles de cristal a été trouvé… dans les poubelles ! Pour renforcer l'effet « parure de diamants », on a préféré installer une guirlande de 20 ampoules blanches au lieu de l'éclairer avec des ampoules classiques : la lumière est très douce.

Lustre d'Odile

Qui n'a pas vu, dans une salle à manger rustique ce type de lustre en bois tourné, très massif ? Repeint totalement en mauve et équipé d'ampoules pastel, il a une tout autre allure.
Création Odile Bailloeul.

Lustre à pampilles bleues

Ce lustre, chiné dans une brocante à été dépourvu des cylindres en plastiques qui simulaient des bougies. À leur place, on a monté des douilles en laiton avec une collerette en porcelaine équipées d'ampoules de réfrigérateur de 15 watts. Celles-ci ont été colorées avec de la peinture pour verre.

Lanterne marocaine en fil de fer

Pour cacher la source lumineuse, un morceau de papier-calque jaune a été découpé et ajusté entre la ferronnerie et l'ampoule, adoucissant ainsi considérablement la lumière et cachant la source.

Lustre en bronze

Trouvé dans une brocante pour une bouchée de pain, un lustre un peu trop classique s'offre une nouvelle jeunesse avec un coup de pinceau et des ampoules en forme de chandelles.

Matériel divers pour la lampe

- 1 lustre ancien à branches et à pampilles
- peinture acrylique satinée

Matériel électrique

- ampoules chandelles

Outils

- 1 pinceau

Nettoyez votre lustre en le brossant et en le lavant avec un détergent approprié. Passez 2 couches de peinture acrylique en laissant bien sécher entre chaque couche. Fixez les chandelles sur les douilles.

Conseils

- Si votre lustre est en mauvais état de fonctionnement, changez les câbles et les douilles. Dans un premier temps, démontez uniquement le système électrique de l'une des branches et demandez conseil à un vendeur pour choisir le matériel adapté. La taille des câbles et des douilles peut varier d'un modèle à l'autre. Si vous avez besoin de changer tout le système électrique du lustre, peignez-le avant de remonter le nouveau matériel.

Lustre aux tulipes

Des bouquets de tulipes électrifiés achetés dans un magasin de gadgets et un petit pot en zinc s'associent pour créer un effet d'optique renversant.

Matériel divers pour la lampe

- 2 bouquets de tulipes en plastique électrifiés
- 1 petit pot en zinc
- ruban adhésif épais
- fil de fer maillechort
- 4 vis à métaux de 3 x 16 mm
- 4 écrous de 3 mm

Matériel électrique

- 1 douille E 27 en métal chromé avec bague
- 1 domino
- 1 m de câble électrique blanc
- 1 serre-câbles

Outils

- 1 crayon à papier
- 1 tournevis d'électricien
- 1 pince à dénuder
- 1 pince coupante
- 1 perceuse électrique avec 1 mèche à métaux n° 10 et 1 mèche à métaux n° 3

Sectionnez les fils électriques des bouquets de tulipes au-dessus de la fiche. Raccordez les fils des bouquets au domino en les groupant 2 par 2 (un fil de chaque bouquet dans un même trou du domino, les 2 trous utilisés étant du même côté). Raccordez le câble électrique aux trous opposés du domino. Liez les bouquets ensemble avec le ruban adhésif en serrant fermement.
Percez un trou centré avec la mèche à métaux n°10 au fond du pot en zinc. Posez la douille électrique tête en bas au fond du pot et tracez des repères au crayon dans 4 des 6 petits trous de la bague, en laissant les 2 derniers trous diamétralement opposés. Percez au niveau des repères avec la mèche n° 3. Après avoir ôté sa pastille (partie située à l'intérieur servant à raccorder le câble), fixez la douille au fond du pot avec les vis à métaux et les écrous en plaçant ces derniers à l'intérieur du pot. Dévissez la douille pour ne laisser que la bague.
Entourez le bouquet de fil de fer maillechort, en passant également entre les tiges, puis ressortez les deux extrémités du fil de fer par le gros trou du pot. Faites-les passer dans les petits trous de la bague de la douille dans lesquels vous n'avez pas posé de vis à métaux et entourez la bague en serrant fortement.
Revissez la chemise et le culot de la douille sur la bague puis faites ressortir le câble électrique par le fond du culot. Terminez en vissant un serre-câbles sur ce dernier.

La nébuleuse

Détournées de leur contexte éphémère, les boules de verre soufflé proposent une suspension très originale. La lumière diffusée par les ampoules dissimulées dans la nébuleuse se joue du verre et sublime les effets de transparence et de fragilité. Cette réalisation est également un prétexte à réaliser un montage en parallèle de trois ampoules.

Matériel divers pour la lampe

- fil de fer très fin de 0,25 mm de diamètre
- boules de verre à suspendre : 7 de 12 cm de diamètre, 12 de 6 cm de diamètre, 20 de 4 cm de diamètre et 6 de 2 cm de diamètre

Matériel électrique

- 3 m de câble électrique gainé de tissu blanc,
- 3 douilles en plastique blanc E 27
- 3 serre-câbles blancs en nylon
- 3 ampoules transparentes E 27 de 40 watts
- 1 domino électrique
- 1,40 m de fil de métal câblé de 0,18 mm de diamètre
- 1 serre-câbles adapté au fil de métal câblé

Outils

- 1 pince coupante
- 1 pince à dénuder
- 1 petit tournevis plat

La nébuleuse

1

Préparez trois longueurs de câble électrique variant de 5 cm de l'une à l'autre. Passez chacun des 3 câbles dans le serre-câbles dévissé puis dans la base de chaque douille. Retirez la gaine électrique de chaque brin puis torsadez les extrémités en cuivre. Insérez chaque brin dans un bornier de chaque douille. Vissez d'abord le serre-câbles puis le corps de chaque douille et terminez par les ampoules.

2

Réunissez les extrémités libres des 3 câbles électriques. Dénudez les brins puis torsadez-les en groupant les fils par couleurs. Fixez-les dans chaque bornier du domino. Serrez les vis afin d'assurer le maintien de l'ensemble.

3

Sectionnez 1,40 m de fil de métal câblé et pliez-le en deux. Posez un serre-câbles pour relier les deux extrémités et vissez. Positionnez-le près du domino afin qu'il soit invisible. La boucle que forme le fil de métal câblé doit se trouver à la même hauteur que la douille la plus haute. Une grande partie des boules de verre sera suspendue à cette boucle.

4

Suspendez l'ensemble des fils au niveau du serre-câbles. Utilisez un morceau de fil de fer épais, ou le crochet d'un cintre, et une ficelle destinés à être attachés provisoirement au plafond par un crochet. Préparez une dizaine de longueurs de fil de fer très fin de 15 à 20 cm environ. Évitez d'entrechoquer les boules de verre. Passez une extrémité du fil de fer dans l'anneau de verre d'une boule de 12 cm puis entortillez-la sur elle-même 5 ou 6 fois. Accrochez l'autre extrémité à la boucle formée par le fil métallique câblé. Fixez toutes les grosses boules en variant les longueurs de fil de fer.

5

Les boules de verre de gros diamètre forment la structure. Complétez avec des boules de 6 cm puis de 4 cm de diamètre. Fixez-les à la boucle du fil de métal câblé, comme précédemment, ou aux anneaux de verre des boules. Camouflez les fils de suspension en les faisant passer à l'intérieur.

6

Terminez en fixant les petites boules de verre de 2 cm de diamètre. Équilibrer la composition.
Pour réussir votre nébuleuse, assurez-vous que les fils de suspension sont peu visibles.
Faites en sorte que les boules soient bien imbriquées les unes dans les autres. Construisez autour des trois ampoules pour qu'elles se retrouvent à l'intérieur de la composition.

7 et 8

Pour qu'un seul câble soit visible, pratiquez une légère ligature autour des 3 câbles électriques et du fil de métal câblé. Utilisez le fil de fer très fin et enroulez son extrémité plusieurs fois de suite autour du fil de métal câblé, juste au-dessus du serre-câbles. Déroulez régulièrement le fil de fer dans un mouvement hélicoïdal. Veillez à bien tendre tous les câbles électriques. Terminez en l'enroulant plusieurs fois sur lui-même à environ 5 cm du haut de la douille la plus haute puis sectionnez-le.

Conseil

- La suspension de la structure est assurée par un fil métallique câblé terminé par un serre-câbles à son extrémité supérieure. Accrochez cette extrémité à un crochet solidement fixé au plafond. Pour cacher ces raccords, vous pouvez utiliser un pavillon (sorte de cache conique).

1

2

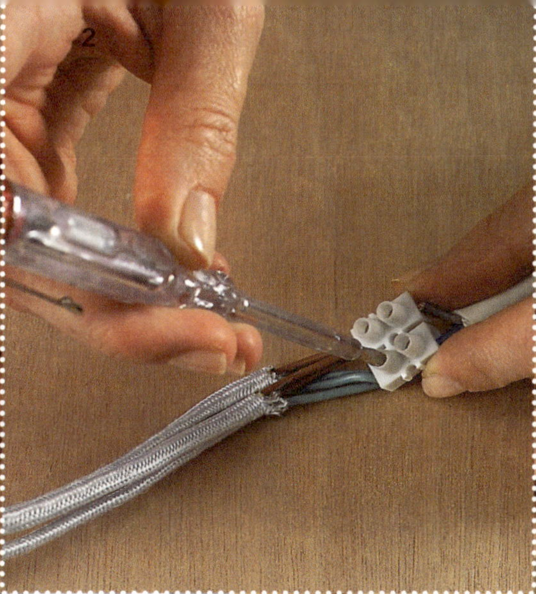

3

4

5

6

7

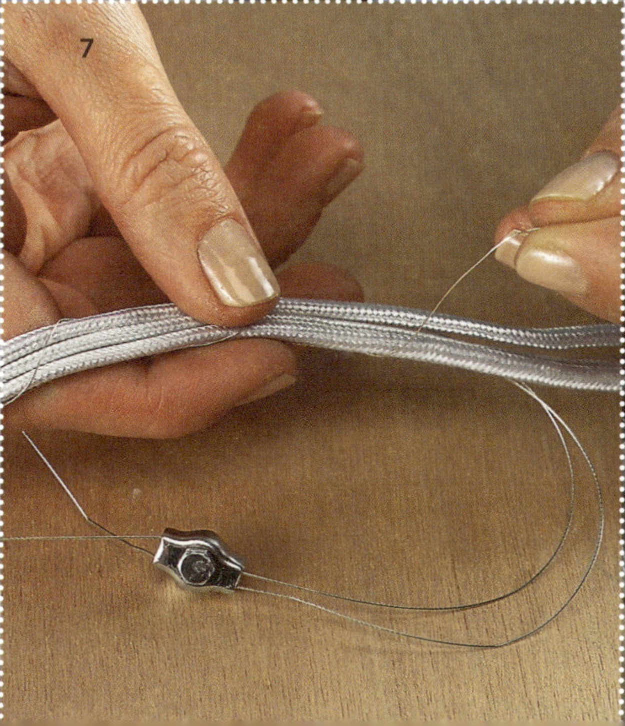

8

Lustre à pampilles

Pas besoin de baguette magique pour donner à une pièce un caractère majestueux. Les breloques brillent de mille feux, se reflètent sur les murs et transforment la perception de l'espace.

Matériel divers pour la lampe

- 3 cercles en cuivre simples :
  1 de 10 cm de diamètre, 1 de 20 cm de diamètre,
  1 de 30 cm de diamètre
- 1 cercle de cuivre double avec bague excentrée de 25 cm de diamètre
- 12 tiges de fil de fer floristique de 150 x 1,5 mm (fil de fer droit et rigide)
- fil de fer fin de 0,25 mm de diamètre
- épingles à enfiler de 30 x 1,5 mm
- pampilles de verre transparent :
  6,50 m d'octogones crochetés en guirlande,
  28 myrsas de 7,5 x 1,5 cm, 12 plaquettes de 6,5 x 4 cm, 4 demi-poires taillées de 5 x 3 cm, 4 rosaces de 2 cm de diamètre, 4 perles de 4 mm de diamètre
- 1 bombe de peinture argent

Matériel électrique

- 1 douille métallique argentée E 27 avec bague
- 1 arrêt de câble noir ou blanc
- 1,5 m de câble électrique torsadé gainé de tissu argenté
- 1 domino électrique
- 1 ampoule 60 watts avec un culot argenté

Outils

- 1 pince plate effilée
- 1 pince coupante
- 1 pince à dénuder
- 1 petit tournevis plat

Lustre à pampilles

1
Reliez les cercles simples entre eux avec les tiges de fil de fer floristique et courbez leurs extrémités sur elles-mêmes pour qu'elles forment des crochets sur les cercles. Fixez le cercle de 30 cm de diamètre sous le cercle double puis fixez celui de 20 cm de diamètre en dessous. Enfin, accrochez le cercle de 10 cm de diamètre en bas du lustre. Utilisez quatre tiges de fil de fer floristique entre deux cercles et répartissez-les régulièrement. Refermez fermement l'extrémité des tiges.

2
Passez deux couches de peinture argent sur la structure en laissant sécher entre chaque couche.

3
Dénudez les 2 extrémités du câble électrique. Torsadez les brins puis posez un domino d'un côté du câble et une douille munie d'un arrêt de câble de l'autre. Dévissez la bague de la douille après l'avoir remontée, glissez le cercle double de la structure du lustre et revissez la bague. Suspendez la structure pour la décorer.

4
Pour suspendre les 28 myrsas inférieurs, utilisez des épingles à enfiler. Enfilez l'épingle pour que la tête se positionne sur le trou du myrsa, faites un tour autour de l'épaisseur du cercle puis sectionnez le fil de métal. À défaut, utilisez du fil de fer fin : entortillez-le sur lui-même après son passage dans le trou du myrsa, passez 2 fois autour du cercle à décorer puis entortillez-le à nouveau sur lui-même. Coupez. Répartissez les myrsas régulièrement autour du cercle.

5 et 6
Fixez les octogones de verre sur la structure métallique en entortillant du fil de fer fin autour d'une tige rigide verticale et en le reliant au premier octogone d'une guirlande. Faites le tour de tous les cercles métalliques et habillez-les entièrement de guirlandes d'octogones. Avec de petites longueurs de fil de fer, fixez régulièrement les guirlandes sur les cercles. Procédez de même pour recouvrir les tiges verticales du lustre en étant attentif à bien les répartir aux quatre points cardinaux. Préparez quatre longueurs de quatorze octogones crochetés entre eux. Fixez-les entre deux axes verticaux au cercle le plus haut de la structure du lustre. Procédez de même pour le second cercle en partant du bas de la structure : fixez quatre autres longueurs de neuf octogones chacune.

7
Répartissez régulièrement quatre demi-poires taillées et fixez-les à l'aide d'une épingle à enfiler sur le cercle le plus haut de la structure. Centrez ces pampilles dans l'espace créé entre les deux hauteurs de cabochons crochetés, à l'endroit le plus large.

8 et 9
Préparez douze fois le même montage : avec une épingle à enfiler, reliez une plaquette et un octogone. Reliez l'octogone à une rosace munie d'une perle en son centre et à un morceau de fil de fer fin. Répartissez ces pampilles autour du second cercle en partant du haut du lustre.
Fixez l'ampoule.

Conseils

- Pour de plus beaux reflets, fixez les pampilles sur le lustre face biseautée et taillée orientée vers la source lumineuse.
- Nettoyez les pampilles avec de l'eau chaude savonneuse additionnée d'un bouchon de vinaigre blanc par litre d'eau. Rincez puis essuyez avec un chiffon doux.

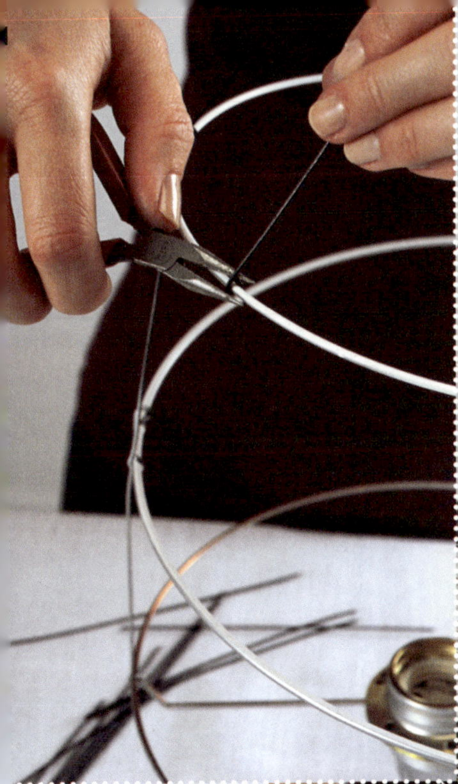

2

4

5

7

8

9

lumière

pour les enfants

Idées

Lampe biberon

Un biberon se transforme en veilleuse. Munissez-vous d'un petit biberon en plastique, d'une douille E 14, de câble électrique, d'un interrupteur, d'une fiche mâle, d'un serre-câbles, d'une petite ampoule E 14 de 25 watts maximum, de plâtre, de pâte à modeler et d'une perceuse électrique équipée d'une mèche n° 8. Faites un trou sur un des côtés du biberon, près de la base. Montez le câble sur la douille et installez le serre-câbles sur le trou. Bloquez la douille dans la bague du biberon avec de la pâte à modeler en centrant le trou de la douille sous celui du biberon. Passez le câble électrique dans le biberon et faites-le ressortir par le serre-câbles. Colmatez le tour du serre-câbles avec de la pâte à modeler et remplissez le biberon de plâtre semi-liquide. Revissez la bague du biberon et laissez sécher 24 heures. Dévissez-la, laissez sécher 24 heures. Ôtez la pâte à modeler puis montez la fiche mâle et l'interrupteur sur le câble électrique. Vissez une ampoule.

Ampoules décorées

En appliquant du silicone transparent sur les ampoules, il est possible de les décorer de multiples façons. Choisissez des éléments qui résistent à la chaleur pour décorer des ampoules : perles de verre, cabochons, pièces métalliques diverses...
Appliquez du silicone directement sur l'ampoule ou sur la pièce à coller. Essuyez l'excédent de silicone avec un chiffon ou du papier essuie-tout. Exercez une petite pression sur la pièce à coller puis laissez sécher une nuit environ. Le collage sera à la fois souple et solide pourvu que les surfaces à assembler soient propres et sèches.

1. Ampoule demoiselle réalisée avec des scoubidou et des cabochons de verre.
2. Ampoule décorée de cabochons de verre coloré.
3. Ampoule décorée de 46 rondelles métalliques de 15 mm x 5 mm.
4. Ampoule décorée de perles bâtons en verre aux reflets argentés.

Lampe rose en boa

Un boa de plumes, quelques pampilles, un pied de lampe repeint : cette petite lampe séduira les petites filles... et les plus grandes.
Pour la fabriquer, munissez-vous d'un pied de lampe en bois, d'un pas de vis, d'une douille à bague, d'un kit électrique (câble, fiche mâle et prise), d'un abat-jour en papier ou en tissu, de peinture acrylique rose, d'un pistolet à colle, de ciseaux, d'un boa de plumes roses et de pampilles en plastique.
Passez 2 couches de peinture acrylique rose sur le pied de la lampe. Laissez sécher. Équipez votre pied du pas de vis surmonté de la douille et reliez-la au câble électrique du kit. Entourez le boa sur l'abat-jour en le fixant avec des points de colle appliqués au pistolet. Avec la pointe des ciseaux, faites des petits trous à la base de l'abat-jour et accrochez-y les pampilles.

OSRAM
CE

SAFETY ON BOARD
A 330
fluff

Idées

Guirlande bombes à eau

Une amusante guirlande à fabriquer en papier origami. À accrocher dans la chambre des enfants comme autant de petits cubes de lumière suspendus dans les airs. Pour la réaliser, reportez-vous aux explications de la page 140.

Phare en cubes

Les cubes sont simplement percés au centre de leur face supérieure puis enfilés sur une tige filetée. Des écrous évitent que les éléments ne bougent. Une petite ampoule flamme église E 14 de 15 watts est vissée dans la douille cachée dans le plus petit cube, elle-même vissée sur la tige filetée. Un trou sur une face latérale du gros cube permet le passage du câble.

Guirlande surprise

Les petites boîtes en plastique que l'on trouve dans les œufs surprise au chocolat créent une nouvelle fois l'étonnement. Percez-les avec une mèche à bois de même diamètre que les douilles de la guirlande électrique et fixez-les sur ces dernières.

Veilleuse chat

Un jouet en plastique des années 50 électrifié avec une ampoule de 15 watts et voilà une drôle de veilleuse.

Le Renard

Un masque en plastique peut habiller une ampoule et donner en un instant à une chambre un air espiègle…

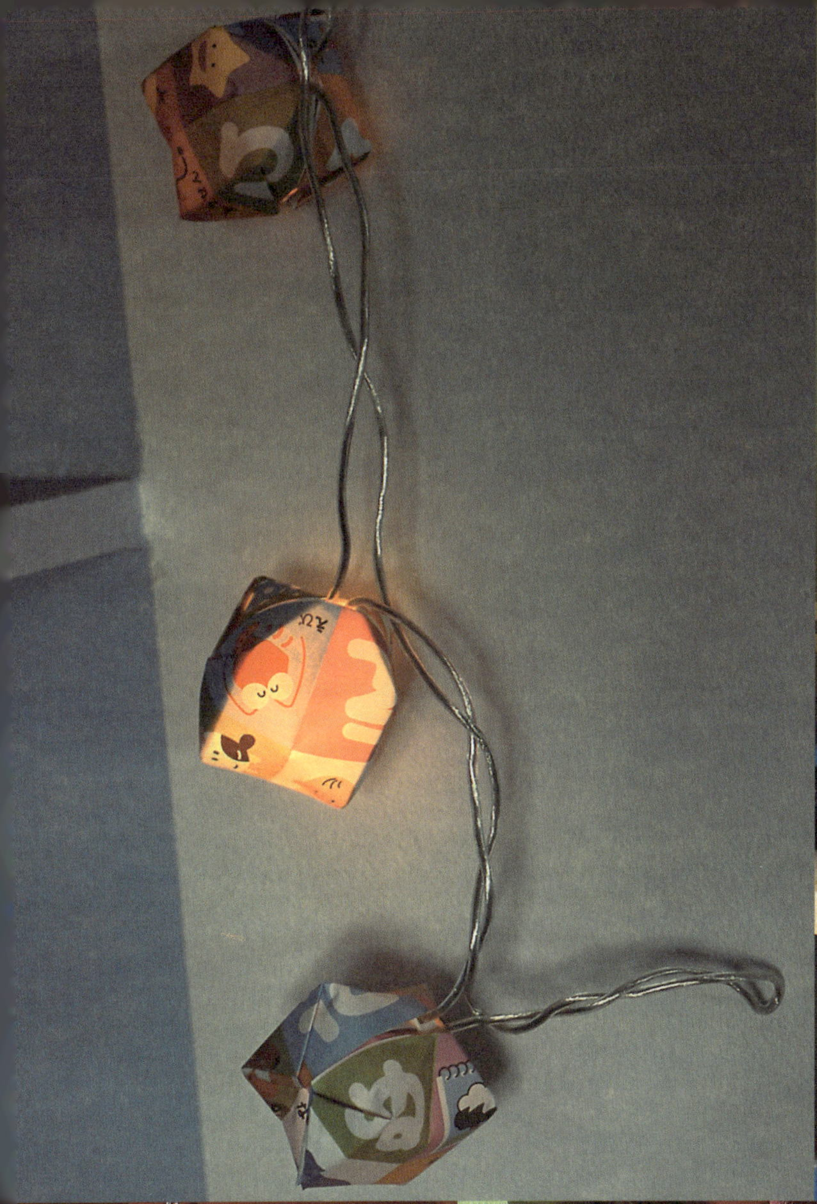

KIMIKO

Guirlande badminton

Pour égayer un pan de mur, même dans une petite chambre, rien de tel qu'une jolie petite guirlande. Pleine de fantaisie, elle est décorée de volants de badminton fatigués de fréquenter les terrains de jeu.

Matériel divers pour la lampe

- 20 volants de badminton en plastiques

Matériel électrique

- 1 guirlande électrique

Outils

- 1 poinçon
- 1 pinceau avec un manche évasé d'un diamètre maximum de 1,2 cm
- 1 cutter

Perforez le chapeau des volants : démontez le chapeau clipsé au sommet du volant. Percez un trou à son sommet à l'aide du poinçon. Utilisez un cutter pour tailler des rayons à partir de ce trou et former une étoile à six rayons.
Si un renflement en caoutchouc se trouve à l'intérieur du chapeau du volant, supprimez-le. Faites un autre trou au centre de la partie plate du corps du volant.
Élargissez les trous en les enfilant sur le manche du pinceau jusqu'à la partie dont le diamètre est légèrement supérieur à celui des douilles des lampes de la guirlande.
Enfilez les deux éléments du volant autour de chaque ampoule : d'abord le chapeau puis le corps. Assemblez-les.

L'ombre chinoise du chat

Empruntée aux épouvantails des vergers, cette applique joue les ombres chinoises.
Si ce chat ne veille pas sur les cerises du jardin, il protégera le sommeil des chérubins.

Matériel divers pour la lampe

- 1 plaque de carton bois de 3 mm d'épaisseur
- 1 tasseau de bois de 23 cm x 5,5 cm x 2 cm
- peinture acrylique noire mate
- billes de verre
- 2 plaques de fixation en L
- papier calque
- crayon noir gras
- vis à bois

Matériel électrique

- 1 douille E 27
- 1,50 m de câble électrique en tissu noir
- 1 fiche mâle
- 1 interrupteur

Outils

- 1 tournevis d'électricien
- 1 tournevis
- 1 pince à dénuder
- 1 perceuse électrique et1 mèche à bois n° 8
- 1 emporte-pièce n° 14
- 1 marteau
- 1 cutter
- 1 pinceau

MiAOU

L'ombre chinoise du chat

1
À l'aide du papier calque et du crayon noir, reproduisez le patron du chat de la page 138 et découpez la forme au cutter.

2
Avec l'emporte-pièce, percez les deux trous des yeux du chat.

3
Fixez la silhouette sur la tranche du tasseau avec les vis à bois. Faites un trou dans le tasseau de bois avec la perceuse en le centrant dans la longueur et dans la largeur.

4
Passez deux couches de peinture noire acrylique mate sur toutes les faces du tasseau et du chat.

5
Raccordez le câble électrique à la douille.

6
Fixez la douille sur le tasseau en la positionnant au-dessus du trou et en passant le câble dans le trou de la planche de bois.

7
Montez l'interrupteur sur le câble électrique à environ 30 cm de la douille et placez la fiche au bout du câble.

8
Fixez les pattes de fixation au dos de la lampe en les vissant sur la tranche de la planche de bois.

9
Enfoncez les billes de verre dans les trous pratiqués précédemment à l'emporte-pièce.

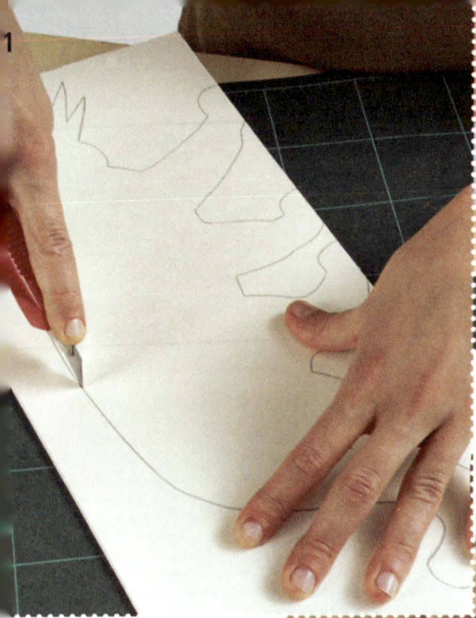
1

2

3

4

5

6

7

8

Le gentil fantôme

Les LED sont de petites diodes très précieuses en électronique. Détournées de leur fonction initiale, elles animent de drôles de petites sculptures de fil de fer rapides à réaliser.

Matériel divers pour la lampe

- fil de métal argenté de 1 mm de diamètre (vous pouvez utiliser les fils métalliques de votre choix pourvu qu'ils soient nus)
- 1 bâtonnet de bois du type bâtonnet de glace
- 1 planchette en bois

Matériel électrique

- 5 LED de 5 mm de diamètre à haut rendement lumineux (2 jaunes et 3 rouges)
- 1 pile 9 volts
- 1 coupleur de pile (vendu dans les magasins de matériel électronique)

Outils

- 1 fer à souder fin (vendu dans les magasins de matériel électronique)
- fil de soudure 8/10 de 0,8 mm de diamètre
- 1 petite pince effilée plate
- 1 petite pince coupante

Le gentil fantôme

1

Aidez-vous du patron de la page 139 pour former le fil de métal argenté. Sectionner le fil et formez-le avec la pince effilée. Ne tenez pas compte des interruptions du fil sur le patron qui indiquent le futur emplacement des LED. Laissez quelques centimètres supplémentaires aux deux extrémités du fil.

2

Sur chaque LED se trouve un méplat (partie aplatie), à la base du cylindre de verre. Ce méplat indique le côté où se trouve le pôle -. L'autre tige métallique est le pôle +. Soyez vigilant quant au sens de chaque LED avant de les plier puis de les souder. Pliez-les à 90° puis recoupez les tiges aux longueurs indiquées sur le patron.

3

Prélevez la partie femelle (creuse) du coupleur de pile. C'est cette partie, dégagée des fils et recoupée au plus près de la partie métallique, qui vous permettra de clipser la sculpture sur la pile en soudant le fil de métal de gauche du patron sur celle-ci (pôle +). Pour dégager les fils électriques d'origine, posez le fer à souder chaud sur le point de soudure existant.

4

Branchez le fer à souder et posez-le sur une planchette de bois. Positionnez les LED sectionnées à la bonne longueur sur la forme en fil de métal, le pôle + à la bonne place et le dôme de verre face à vous. Sectionnez le fil de métal qui forme le contour de la sculpture et retirez 3 mm à l'emplacement de chaque LED. Déposez de la soudure en très petite quantité sur toutes les extrémités à souder. Mettez-les en contact en vous aidant d'un petit bâton de bois puis faites fondre la soudure déposée en posant le bout du fer à souder dessus. Rajoutez un peu de soudure si nécessaire. Ne bougez pas l'assemblage tant que les métaux sont encore chauds. Renouvelez l'opération pour chaque LED.

5

Introduisez la patte gauche de la sculpture en fil de métal dans la partie femelle du coupleur de pile percée et dégagée de ses fils électriques d'origine. Enfoncez-la de 3 mm seulement pour ne pas gêner le clipsage. Déposez du fil de soudure et soudez grossièrement l'ensemble. À l'autre extrémité, soudez une bille de soudure de 3 mm de diamètre, obtenue en faisant fondre le fil de soudure sur plusieurs centimètres.

6

Clipsez la patte gauche de la sculpture sur le pôle positif de la pile 9 volts. Établissez le contact en introduisant la patte droite munie de la boule de soudure dans le pôle négatif de la pile : les LED s'allument.

7

Pour débrancher, retirez délicatement la patte de droite de son réceptacle et reposez-la sur le bord de la pile.

Conseils

- Les LED peuvent « griller » si vous tentez de les mettre en contact avec la pile et si elles ne sont pas suffisamment nombreuses.
- Ne mettez jamais en contact l'extrémité brûlante du fer à souder avec la planchette qui protège votre plan de travail : elle brûlerait. Maintenez le fer à souder dans une position horizontale stable lorsque vous ne vous en servez pas et débranchez-le dès que vous avez terminé de l'utiliser.
- La soudure dégage des vapeurs toxiques de plomb. Nous vous recommandons de travailler dans une pièce bien ventilée.

1
2
3
5
6
7

appliques et cie

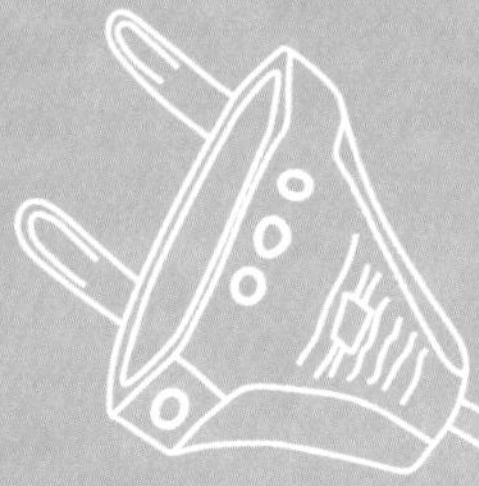

Appliques, créations d'artistes

Ces pièces uniques sont réalisées en assemblant avec beaucoup de rigueur et de poésie des pièces métalliques, des variétés, et parfois des morceaux de bois sculptés...

1 Applique Baby-foot
Création Rié Yagura, bois et métal

2 Applique Cysoi
Création Angèle Riguidel, 2003
aluminium/plastique d'emballage

3 Applique Appliture
Création Angèle Riguidel, 2003
zinc et verre

4 Applique RAC
Création Angèle Riguidel, 2003
métal galvanisé et verre

5 Tout simplement
Pour les amoureux de la simplicité, une douille, une ampoule et un joli câble gainé de tissu... Mais attention ! Pas n'importe quelle douille, n'importe quelle ampoule et n'importe quel câble !

6 Daguerréotypes
Création Laurent Baudonnet
Une boîte en fer blanc renferme un néon qui éclaire des daguerréotypes maintenus entre deux rails métalliques. Une feuille de papier calque permet à la lumière de se diffuser et de cacher la source.

2

3

4

5

Lampe douche

Une applique originale qui joue les « monte et baisse » avec son tuyau en plastique que l'on nouera à volonté. Une petite douche de lumière à installer, par exemple, au-dessus de l'évier.

Matériel pour la lampe

- 1 passoire en métal de 15 cm de diamètre environ
- 1 mètre de tuyau en plastique translucide de 11 mm de diamètre
- 1 tube en carton fort de 5 cm de haut et de 8 cm de large environ
- 1 disque en carton fort du même diamètre que le tube
- kraft gommé
- papier kraft
- 1 bombe de peinture argent
- colle en bombe

Matériel électrique

- 1 douille chromée
- 1 pas de vis de 20 mm de haut
- 1 raccord mâle et femelle chromé
- 1 raccord double femelle de 20 mm de haut
- 1,20 m de câble électrique en tissu noir

Outils

- 1 tournevis d'électricien
- 1 pince à dénuder
- 1 perceuse électrique et 1 mèche à métaux n° 10
- 1 emporte-pièce n° 14
- 1 cutter
- 1 paire de ciseaux

S
HANDLE
WITH
CARE

Lampe douche

1
Avec la perceuse, faites un trou au centre de la passoire.

2
Raccordez la douille avec le pas de vis et montez le câble électrique.

3
Passez le câble électrique dans la passoire puis dans le raccord double femelle, le raccord mâle et femelle et le tuyau. Assemblez le tout en vissant les raccords et les pas de vis les uns aux autres. Enfoncez le tuyau dans le raccord mâle et femelle.

4
Fixez le disque de carton au tube avec du kraft gommé.

5
Recouvrez le pavillon ainsi formé avec du papier kraft encollé à la bombe.

6
Avec l'emporte-pièce, pratiquez un trou au centre du pavillon.

7
Passez une couche de peinture uniforme sur tout le pavillon avec la bombe de peinture argent.

8
Glissez le câble et le tuyau dans le trou du pavillon puis raccordez votre applique au domino situé sur votre mur.

2
3
4
5
7
8

« On air »

Mariage insolite d'une grille de peintre et d'une guirlande électrique, cette applique égaiera un pan de mur ou illuminera un couloir un peu trop sombre.

Matériel divers pour la lampe

- 4 planches de contreplaqué de 19 mm d'épaisseur, de 20 cm x 5 cm
- 1 grille de peintre
- 1 grande feuille de papier épais rouge
- 1 plaque de carton de 2 mm d'épaisseur, de 20 cm x 20 cm
- petits clous
- 8 vis à bois de 35 mm de long
- 1 gros clou
- 4 vis à bois chromées de 10 mm de long
- colle en bombe
- colle à bois

Matériel électrique

- 1 douille chromée
- 1 raccord mâle et femelle chromé
- 1 kit cordon argent
- 1 guirlande électrique blanche à petites ampoules rondes
- 1 domino électrique
- 1 ampoule rouge

Outils

- 1 tournevis d'électricien
- 1 tournevis
- 1 pince à dénuder
- 1 marteau
- 1 perceuse électrique
- 1 mèche à bois n° 8

« On air »

1
Assemblez les 4 planches de contreplaqué en les maintenant avec la colle à bois et les vis de 35 mm.

2
Recouvrez entièrement la face externe des planches de bois assemblées en fermant l'un des côtés ouverts avec le papier rouge et la colle en bombe. Pratiquez un rabat avec le papier sur le dessous.

3
Percez des trous à chacun des angles de la grille de peintre avec le gros clou frappé au marteau puis enduisez la face du dessous (côté papier) de colle en bombe. Fixez la grille sur le dessus de la boîte avec les vis chromées.

4
Pratiquez un trou à la perceuse sur l'un des petits côtés de la boîte en le centrant dans la largeur et dans la hauteur puis passez-y le câble électrique du kit cordon.

5
Avec le tournevis, percez le papier rouge à intervalles réguliers dans les trous de la grille de peintre puis glissez-y les ampoules de la guirlande en les ôtant de leur fiche et en les repositionnant à chaque fois.

6
Fixez la douille au centre de la grille en la maintenant avec le raccord femelle placé à l'intérieur de la boîte.

7
Coupez la fiche mâle de la guirlande et raccordez les fils de la guirlande à la douille.
Reliez les fils du kit aux bornes de la douille.

8
Reliez l'autre extrémité de la petite section et le deuxième fil de la guirlande au domino. Sur le même domino, montez à l'opposé les deux fils du kit cordon argent. Fermez le fond de la boîte avec la plaque en carton fixée à l'aide de clous plantés aux quatre coins.
Fixez l'ampoule rouge sur la douille.

ARTOS

3

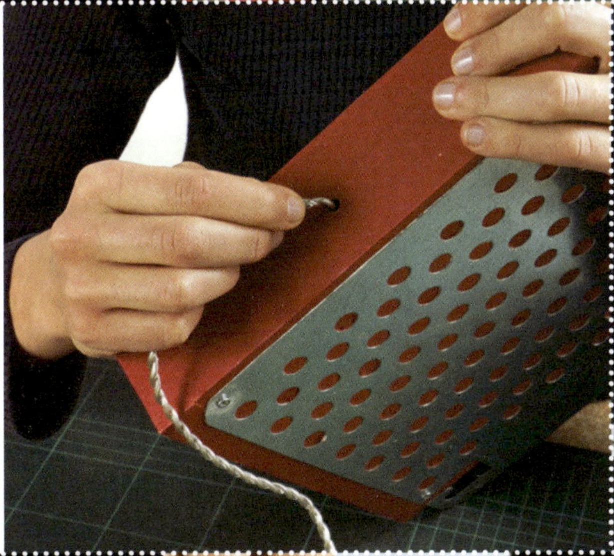

7

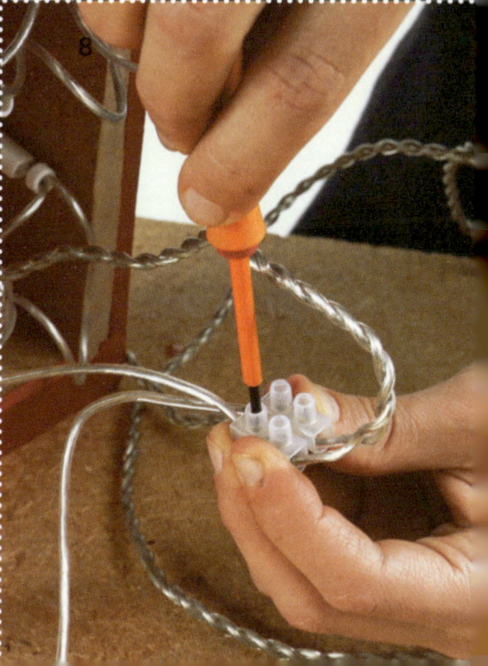
8

Remember cadre diapo

Entre deux soirées diapos, il s'écoule parfois des années. Pourtant, on aimerait bien profiter davantage de ces images qui dorment au fond de leur boîte en plastique… Le cadre porte-diapos est né de cette envie de revivre chaque jour certains moments inoubliables de l'existence.

Matériel divers pour la lampe

- 2 cadres en bois identiques d'une épaisseur d'environ 3,5 cm pour photos 18 cm x 24 cm, avec sous-verre de 17 cm x 23 cm
- 1 bombe de peinture argent
- 2 charnières chromées de 30 mm x 50 mm
- colle PVC
- 1 pochette en plastique pour ranger les diapositives comprenant 12 compartiments
- 12 diapositives
- colle en bombe
- 1 feuille de papier calque 90 g de 17 cm x 23 cm
- 1 feuille de rhodoïd de 17 cm x 23 cm
- papier d'aluminium ménager
- papier de verre fin

Matériel électrique

- 1 cordon lumineux de 2 m et de 1,3 cm de diamètre et 1 kit de raccordement comprenant 1 cordon d'alimentation, 1 connecteur et 1 embout
- 1 fiche mâle

Outils

- 1 perceuse électrique et 1 mèche à bois de 10 mm diamètre
- 4 petits clous
- 1 marteau
- 1 pistolet à colle
- 1 petit tournevis cruciforme
- 1 petit tournevis plat

Remember cadre diapo

1
Mettez à nu les deux cadres de bois. Poncez toute leur surface.

2
Découpez une feuille de papier calque et une de rhodoïd aux dimensions de la plaque de verre et neuf cases de la pochette en plastique. Pour cette dernière, conservez une marge régulière sur les quatre côtés. Collez-la sur la feuille de rhodoïd avec la colle en bombe.

3
Repérez sur l'épaisseur qui se trouve sous le cadre de bois, le point central dans la longueur et dans la largeur. Percez un trou sur ce repère. Poncez légèrement.

4
Vaporisez une première couche de peinture argent sur la partie extérieure des cadres. Une fois la peinture sèche, retournez les cadres pour bomber l'intérieur. Poncez légèrement puis passez une seconde couche de chaque côté. Laissez sécher.

5
Posez deux charnières afin d'assembler les deux cadres. Vérifiez que le trou est positionné du côté opposé à celui sur lequel vous allez fixer les charnières. Placez-les à 1,5 cm de chaque côté des cadres. Serrez les quatre vis qui les maintiennent.

6
Découpez une feuille de papier d'aluminium de la taille du carton. Avec la colle, fixez-la sur le fond du cadre dont le petit côté inférieur est percé, de façon à ce qu'elle soit positionnée à l'intérieur et au fond du cadre.

7
Sectionnez le câble d'alimentation du cordon lumineux au ras de la fiche mâle, si celle-ci est réalisée en plastique moulé. Si la fiche comporte des vis, démontez-la. Passez le cordon par le trou du cadre, de l'intérieur vers l'extérieur, puis posez une nouvelle fiche mâle ou remontez la fiche d'origine si elle est démontable. Lisez la notice accompagnant le kit de raccordement du cordon lumineux. Enfoncez solidement un connecteur dans l'une de ses extrémités, enduisez-la de colle PVC avant de glisser le manchon du cordon d'alimentation. Enduisez l'autre extrémité de colle PVC et glissez-la dans l'embout prévu à cet effet. Poncez très légèrement la guirlande puis enroulez-la sur elle-même sur la feuille d'aluminium. Fixez-la avec le pistolet à colle.

8
Posez un clou sur chaque côté pour maintenir le cordon lumineux et le carton au fond de la boîte. Rangez les diapositives dans les emplacements prévus à cet effet. Placez l'une d'elles sur le cadre vide. Derrière elle, positionnez la feuille de rhodoïd sur laquelle sont collées les diapositives puis la feuille de papier calque et la deuxième plaque de verre. Rabattez les quatre pattes de maintien pour que l'ensemble soit bien solidaire. Refermez ce cadre sur l'autre.

Conseil

- Le dos d'un cadre est presque toujours équipé d'un système permettant l'accrochage mural. Faites attention à orienter le fond du cadre dans le bon sens, crochet de suspension vers le haut.

2
3
4
5
7
8

Bougeoir en applique

À installer dans un couloir ou au-dessus d'une sellette, une applique désuète qui se donne des airs gustaviens. Sobriété et esprit décalé assurés.

Matériel divers pour la lampe

- 1 planche de bois de 19 cm d'épaisseur, de 12 cm x 20 cm
- 1 planche de bois de 19 cm d'épaisseur, de 20 cm x 28 cm
- dorure à l'ancienne coloris argent
- colle à bois
- petites vis à bois chromées
- anneau à visser noir

Matériel électrique

- 1 fourreau pour bougie H 10
- 1 support pour bougie E 14 de 85 mm de haut et de 23 mm de diamètre
- 1 raccord plaque chromé
- 1 kit textile cordon argent
- 1 ampoule flamme

Outils

- 1 pinceau
- 1 tournevis
- 1 tournevis d'électricien
- 1 pince à dénuder
- 1 perceuse électrique
  1 mèche à bois n° 6

115H

Bougeoir en applique

1
Percez un trou au centre de la plus petite des planches.

2
Assemblez les deux planches en les collant et en les vissant perpendiculairement.

3
Passez deux couches de dorure à l'ancienne sur toutes les surfaces des planches.

4
Fixez le raccord plaque chromé avec des vis, centré sur le trou précédemment percé.

5
Passez le câble du kit textile dans le raccord plaque et raccordez-le au support pour bougie.

6
Vissez le support pour bougie sur le raccord plaque.
Positionnez le fourreau sur le support pour bougie et placez l'ampoule.

7
Fixez l'anneau mural de fixation sur la tranche de la planche verticale, en le centrant dans l'épaisseur et dans la largeur de la planche.

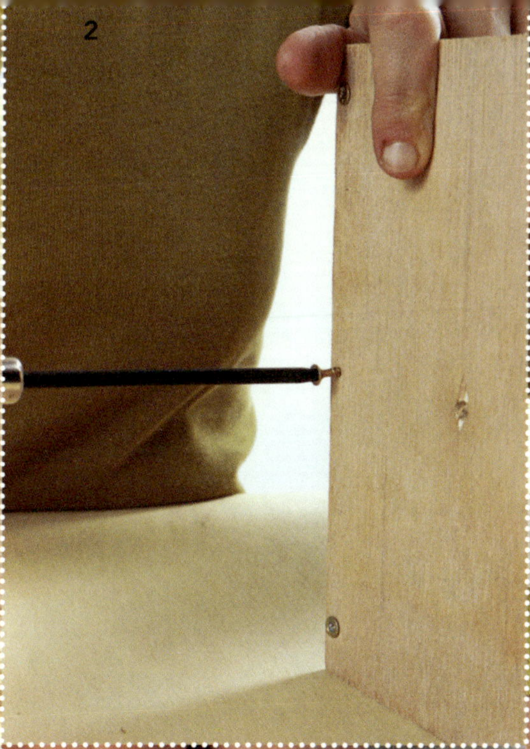
2

3

4

5

7

lumière

a u j a r d i n

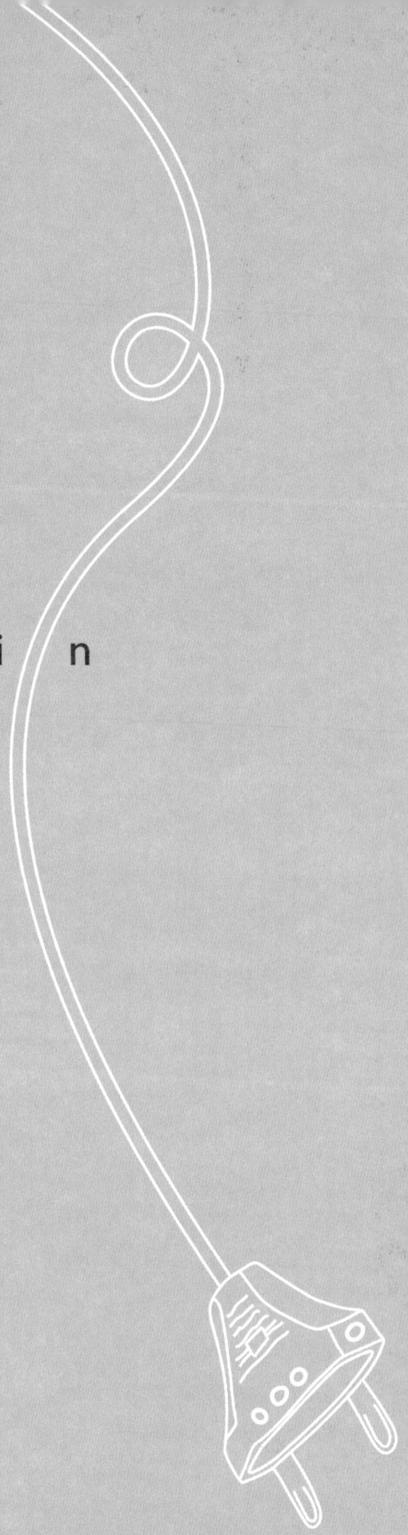

Idées

Guirlande multicolore

Pour égailler les nuits, l'ampoule traditionnelle est remplacée par une petite guirlande de boules en plastique coloré.

Guirlande lampions en papier

Quelques lampions en papier chinois glissés tout simplement sur les douilles d'une guirlande électrique. Suspendez-la sur le balcon ou dans le jardin pour les petites et les grandes occasions.

Guirlande guinguette

Une guirlande foraine installée dans un arbre illuminera vos nuits d'été et donnera à votre jardin un petit air de fête.

Lampe baladeuse

Une lampe baladeuse achetée à la droguerie du coin, simplement suspendue à la porte d'entrée, sera à la fois utile et originale.

Lanternes marocaines

Les lanternes en fer blanc peuvent facilement être équipées d'un système électrique. Installez-les à l'intérieur ou dans le jardin mais ne les laissez pas dehors par mauvais temps. Elles ne sont pas étanches.

Potiron électrifié

Une ampoule fluocompacte se cache dans le potiron dont la partie intérieure a été entièrement évidée. Une multitude de perforations permettent à la lumière de se diffuser doucement.

Matériel divers pour la lampe

- 1 potiron d'environ 40 cm de diamètre
- 1 bocal en verre

Matériel électrique

- 1 fiche mâle
- 3 m de cordon électrique de 3 fils
- 1 douille en plastique
- 1 ampoule à économie d'énergie fluocompacte de 60 watts

Outils

- 1 couteau
- 1 cuillère
- 1 aiguille à tricoter n°4
- 1 tournevis
- 1 paire de ciseaux

Où les trouver ?

Vous trouverez toutes sortes de potirons, coloquintes et autres cucurbitacées sur les marchés dès le mois de septembre et durant tout l'hiver.

Percez un trou de 15 cm avec un couteau sur le dessus du potiron. Videz-le de sa pulpe à l'aide d'une grosse cuillère.
Utilisez une aiguille à tricoter pour percer une multitude de petits trous à travers la chair. Espacez-les d'au moins 5 mm pour éviter que la chair ne se fende. Armez-vous de patience car cette opération est de loin la plus longue. Si votre patience a des limites, perforez le potiron selon un motif de votre cru, à un endroit bien précis : un rond, une flèche ou un autre signe.
Réalisez un montage électrique : dénudez les deux brins supérieurs du câble électrique sur environ 8 mm. Torsadez chacun d'eux et après avoir démonté la douille, passez les fils dans son culot puis insérez chaque extrémité dans un côté du bornier de la douille. Serrez puis replacez la noix de la douille dans le culot et vissez le corps.
À l'autre extrémité du câble électrique, posez la fiche mâle : dénudez les fils, torsadez-les sur eux-mêmes, passez-les dans le cache de la fiche, fixez-les dans les bornes (sauf le fil de terre que vous reconnaîtrez à sa couleur verte rayée de jaune), vissez et refermez le cache en le vissant.
Équipez la douille de l'ampoule fluocompacte. Déposez l'ampoule dans un bocal en verre dont la taille lui permet d'être glissé dans le potiron. Recouvrez du potiron pour que la partie électrique soit entièrement masquée. Attendez la tombée de la nuit et allumez-le.

Totem en bambou

Pour signaler l'entrée de votre maison, plantez ce totem lumineux qui accueillera vos invités à la nuit tombée.

Matériel divers pour la lampe

- 1 tronçon de bambou de 1,20 m de hauteur et d'environ 5 cm de diamètre intérieur
- 1 manche à balai
- 1 joint en plastique pour chasse d'eau (joint de vidage conique de 38 mm de diamètre)

Matériel électrique

- 3 m de câble électrique noir de section ronde
- 1 douille E 27 en plastique
- 1 ampoule fluorescente économie d'énergie de 75/16 watts à pas de vis
- 1 fiche mâle noire avec poignée

Outils

- 1 perceuse électrique et 1 mèche à bois de 12 mm
- 1 petit tournevis plat
- 1 pince à dénuder
- 1 pince coupante

Totem en bambou

1

Choisissez un tronçon de bambou de diamètre intérieur très légèrement supérieur à celui de votre douille. Positionnez cette dernière avec l'ampoule à l'intérieur de l'extrémité du bambou pour vérifier que l'ampoule affleurera au bout du bambou une fois le montage électrique réalisé.

2

Repérez l'extrémité du bambou qui accueillera l'ampoule et la douille puis tracez un repère à 25 cm de l'extrémité opposée. Percez un trou de 12 mm de diamètre sur ce repère. Cette ouverture permettra le passage du câble électrique lorsque les 25 cm de bambou auront été enterrés afin d'assurer la stabilité du totem.

3

Pour passer le câble électrique dans le bambou, il est nécessaire d'ôter les nœuds de la plante. Introduisez un manche à balai en bois et martelez chaque nœud jusqu'à ce qu'il cède. Aménagez un trou le plus large possible pour faciliter le passage du câble électrique.

4

Introduisez le câble électrique par le trou pratiqué avec la perceuse puis poussez-le régulièrement en surveillant sa progression à l'intérieur du bambou.

5

Dénudez l'extrémité du câble électrique qui va accueillir la fiche mâle. Ouvrez la fiche. Torsadez les deux brins de cuivre entre vos doigts. Enfilez le cache de la fiche mâle sur le câble puis insérez chaque extrémité dans les bornes. Vissez la dernière vis qui assure le maintien des deux éléments de la fiche mâle.

6

À l'autre extrémité du bambou, dénudez le câble. Sur ce dernier, enfilez la partie inférieure de la douille, l'emphase. Torsadez les deux brins puis insérez-les dans le bornier de la douille. Serrez fortement les vis avec un petit tournevis plat puis placez la noix de la douille dans l'emphase. Vissez le corps pour terminer le montage. Posez le joint de chasse d'eau entre le corps et l'ampoule en positionnant son diamètre le plus large vers le bas. Vissez l'ampoule.

7

Placez l'ensemble douille-joint-ampoule à l'intérieur du bambou de façon à ce que la douille soit invisible. Tirez doucement sur le câble électrique en le saisissant juste à la sortie du trou percé dans le bambou. Ainsi, l'ensemble se met en place facilement. Si la douille ne se loge pas correctement, utilisez une lime pour agrandir son logement dans la partie intérieure du bambou.

Conseils

- Le choix de l'ampoule est très important car elle ne doit pas chauffer. L'ampoule fluocompacte économie d'énergie constitue la meilleure des solutions. N'utilisez jamais une ampoule classique qui pourrait faire brûler le bois du bambou et faire fondre le joint d'isolation, ne proposant plus une installation sécurisée.

2
3
4
6
7

Baladeuse

Que ce soit pour choisir une bonne bouteille à la cave ou chercher une bûche dans le jardin, cette baladeuse vous rendra de nombreux services. Même si vous risquez de sourire en découvrant les éléments qui la constituent...

Matériel divers pour la lampe

- 1 biberon de 330 ml Avent
- 1 bouteille d'eau minérale Badoit
- 1 manche universel pour ventouse, en bois, avec crochet de suspension
- 2 boulons 4 mm x 10 mm
- 1 petit esse de 3 cm de long et de 1 cm de diamètre intérieur

Matériel électrique

- 3 m de câble électrique torsadé noir en tissu
- 1 fiche mâle noire
- 1 arrêt de câble noir
- 1 raccord avec passage de câble chromé
- 1 douille B 22 blanche
- 1 ampoule fluocompacte économie d'énergie de 75/16 watts à baïonnette (4,5 cm de diamètre maximum)

Outils

- 1 pince à œillet et 2 œillets
- peinture acrylique (magenta, cyan, jaune, blanc)
- 1 petit tournevis plat
- 1 pince plate effilée
- papier de verre fin
- 1 scie à métaux
- 1 perceuse électrique avec un foret de 10 mm et un de 3 mm
- 1 pince à dénuder

Baladeuse

1

Retirez le crochet métallique puis peignez quatre rayures colorées sur le manche universel. Nettoyez votre pinceau entre deux teintes. Replacer le crochet métallique lorsque la peinture est sèche.

2

Sciez le pas de vis du bouchon de la bouteille à ras. Poncez la partie sectionnée. À partir du goulot, mesurez 10,5 cm puis découpez la bouteille pour ne conserver que le col. Pour couper droit, réalisez cette opération en deux temps : découpez 3 à 4 cm plus haut puis rectifiez la découpe.

3

Poncez uniformément le col de la bouteille puis le biberon jusqu'à ce qu'ils deviennent translucides. Utilisez un morceau de papier de verre fin et insistez aux endroits les moins accessibles.

4

Tracez deux repères opposés, à 5 mm du bord du col de la bouteille. Percez deux trous sur ces repères avec le foret de 3 mm. Placez le biberon dans le col de la bouteille puis tracez de nouveaux repères sur le biberon en pointant un crayon à travers les deux trous du col. Percez le biberon.

5

Posez deux œillets sur les trous du col de la bouteille.

6

Utilisez un foret de 10 mm pour faire un trou dont le centre sera situé à 1 cm de la partie renflée du haut du col de la bouteille. Poncez les copeaux de plastique.

7

Équipez un câble électrique d'une fiche mâle, enfilez un esse dont vous aurez refermé les extrémités avec une pince plate puis enfilez le cache femelle de l'arrêt de câble. Passez le câble électrique dans le trou du col de la bouteille, de l'extérieur vers l'intérieur, et enfilez la partie mâle de l'arrêt de câble. Vissez la douille sur un raccord avec passage de câble, passez le câble électrique dans ce dernier et achevez le montage en fixant les fils dénudés dans le bornier de la douille. Faites glisser l'ensemble douille-raccord au fond du col de la bouteille, faites ressortir une partie de l'arrêt de câble par le trou aménagé dans le col, tirez très doucement sur le câble pour le mettre en place puis vissez les deux parties de l'arrêt de câble.

8

Équipez la douille de son ampoule fluorescente économie d'énergie. Vissez la tige filetée du manche en bois dans le pas de vis du raccord inséré dans le col de la bouteille. Enfoncez le corps du biberon sur l'ampoule puis alignez les perforations du col de la bouteille et du biberon. Vissez les deux boulons.

9

La baladeuse est équipée de deux systèmes de suspension : le crochet en bout de manche et le petit esse qui permet de former une boucle sur le câble électrique, à la hauteur souhaitée.

Conseils

- Vous devez impérativement équiper votre baladeuse d'une ampoule fluocompacte qui dégage très peu de chaleur pour protéger les matériaux utilisés.

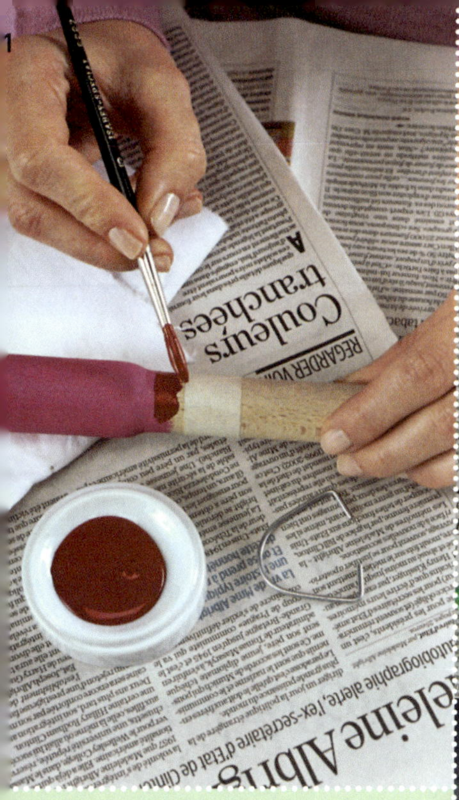
1

2

3

4

5

7

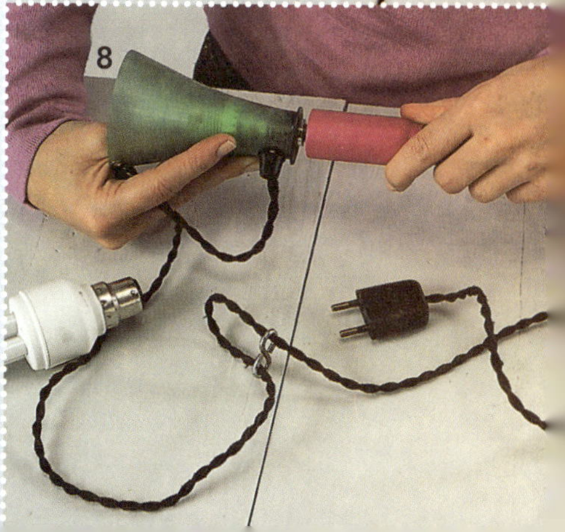
8

Lampion résiné

Qui n'a jamais été séduit par la gaieté des petits lampions de papier ? Seul problème, les intempéries viennent rapidement à bout de ces fragiles enveloppes. Parfaitement étanche, ce lampion résiné est indifférent à la pluie et à la neige. Cette réalisation vous offre une occasion d'apprendre à vous servir de résine polyester. Vous pourrez désormais solidifier de petits assemblages en papier, en tissu, en carton, etc.

Matériel divers pour la lampe

- 1 lampion en papier cylindrique
- 70 ml de résine polyester transparente
- 2 rondelles métalliques de 35 mm de diamètre extérieur et de 10 mm de diamètre intérieur
- 1 esse de diamètres intérieurs de 10 mm
- 30 cm de fil de fer de 2 mm de diamètre
- 1 récipient en plastique pour la résine (un pot de fromage blanc, par exemple)
- 1 paire de gants en caoutchouc
- 1 feuille A4 de rhodoïd

Matériel électrique

- 3 m de câble électrique noir
- 1 douille E 27
- 1 ampoule de 60 watts
- 1 fiche mâle noire
- 1 serre-câbles en nylon noir

Outils

- 1 pinceau-brosse que vous jetterez après usage
- 1 bâton ou 1 pique à brochette pour mélanger
- 1 petit tournevis plat
- 1 poinçon
- 1 pince à dénuder
- 1 pince plate effilée
- 1 pince coupante
- 1 pince à œillet et 2 œillets
- 1 perceuse électrique avec 1 foret de 3 mm et 1 de 10 mm

Lampion résiné

1

Protégez votre plan de travail avec une grande feuille de plastique. Retirez la pièce métallique qui permet de maintenir la bougie et faites à sa place un trou de 1 cm de diamètre avec le poinçon, puis avec le manche d'un gros pinceau que vous enfilerez progressivement jusqu'à obtenir le diamètre souhaité.

2

Dépliez le lampion en tirant d'un côté sur la ficelle tout en maintenant la poignée de fil de fer de l'autre main. Glissez la feuille de rhodoïd roulée sur elle-même à l'intérieur du lampion. Celle-ci doit venir se positionner contre les parois afin de permettre au lampion de rester en position ouverte. Retirez le fil de fer de la poignée.

3

Préparez 70 ml de résine transparente dans le récipient en plastique. Mélangez avec le bâton sans vous arrêter pendant 2 minutes en insistant sur les parois du récipient.
Protégez vos mains avec des gants en caoutchouc. Placez le lampion sur le plan de travail. Appliquez de la résine sur ce dernier. Commencez par le haut et imbibez bien le papier qui changera légèrement de couleur et d'aspect. Continuez jusqu'en bas puis imprégnez les deux cartons ronds du dessus et du dessous.
Suspendez le lampion avec une ficelle dans un endroit sec et sans poussière. Laissez-le sécher 24 heures minimum puis décrochez-le lorsque sa surface est bien dure.
Retirez la feuille de rhodoïd.

4

Réalisez un montage électrique classique. Branchez une fiche mâle à une extrémité du câble électrique. Sur ce câble, enfilez successivement le cache femelle d'un serre-câbles dévissé, une rondelle métallique, le lampion résiné présenté par sa partie percée au centre, une seconde rondelle, la partie mâle du serre-câbles (long filetage en premier) puis la douille.

5

Vissez une partie du serre-câbles à l'intérieur de la douille puis positionnez cet ensemble au fond du lampion, de façon à faire dépasser le filetage le plus long du serre-câbles par le trou aménagé dans le carton. Placez la rondelle autour de ce filetage puis vissez le bouchon noir du serre-câbles sur le filetage prévu à cet effet.

6

Formez une poignée en gros fil de fer, identique à celle d'origine mais réalisée dans un matériau beaucoup plus épais. Utilisez la poignée originale comme gabarit. Aux deux extrémités du fil de fer, pliez le métal à 90° sur 1 cm environ.
Agrandissez les perforations d'origine du lampion avec le poinçon puis posez deux œillets.
Placez la poignée en glissant les deux extrémités pliées dans les œillets.

7

Posez un petit esse sur le câble en faisant faire une boucle à celui-ci. Cela permettra la suspension du lampion

8 et 9

Suspendez le lampion résiné au gré de vos besoins et envies.

Conseils

- Lorsque le mélange de résine est prêt, enduisez immédiatement. Plus le temps s'écoule, plus la résine devient pâteuse.
- Après l'application de la résine, nettoyez le pinceau avec du papier essuie-tout. Sachez cependant qu'il va durcir. Si possible, utilisez un pinceau « en fin de vie ».

2
3
5
6
9

g u i r l a n d e s

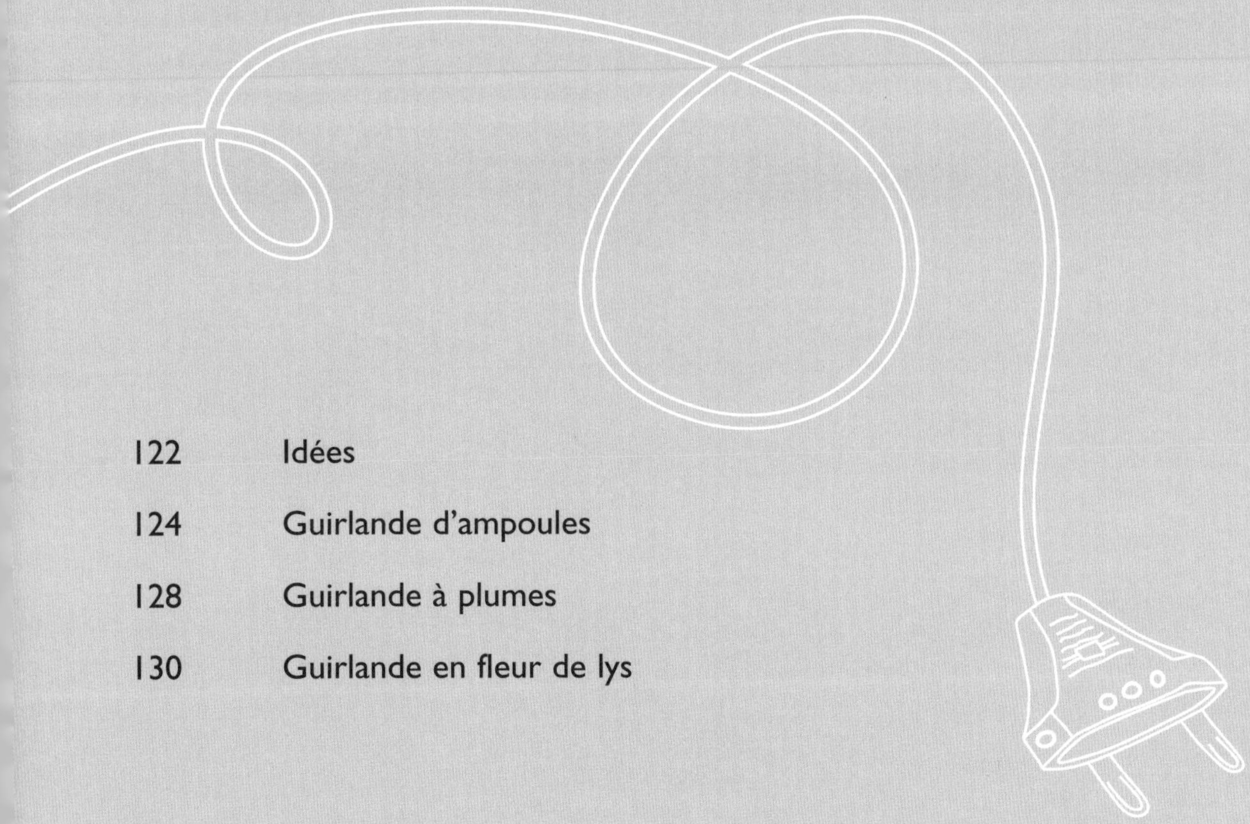

Idées

Guirlande cordon

Une guirlande vendue au mètre dans les magasins d'électricité : accrochée là « en attendant » et enroulée sur elle-même, elle a finalement trouvé sa place.

Guirlande guinguette sur mur orange

Esprit guinguette décalé pour cette guirlande tout simplement suspendue à des clous. Placée à l'intérieur de la maison, elle dénotera et habillera agréablement un mur nu.

Guirlande boîtes de conserve

Quelques petites boîtes de conserve percées avec une mèche à métaux sont suspendues à une guirlande électrique pour un effet des plus originaux.

Guirlande capsules de café

Des capsules de café expresso percées à l'emporte-pièce sont tout simplement fichées dans les douilles d'une guirlande. Une idée récup' réalisée en un rien de temps.

Lampe grillage et guirlande

Une façon originale d'installer une guirlande qui consiste à la placer « en paquet » plutôt qu'en ligne. Prenez un contenant ajouré comme une petite cage ou disposez votre guirlande dans un récipient en verre.

RUSSO

Guirlande d'ampoules

Pour partir à la découverte de l'infinie variété des ampoules disponibles dans le commerce, fabriquez cette guirlande puis explorez le rayon luminaire d'une grande surface de bricolage pour garnir ses dix douilles. Un excellent exercice pour découvrir le montage en parallèle.

Matériel électrique

- 6 m de câble électrique gainé de tissu blanc
- 1 interrupteur olive argent
- 1 fiche mâle blanche
- 6 douilles E 27 en plastique blanc
- 4 douilles E 14 en plastique blanc
- 10 arrêts de câble en nylon blanc
- 6 ampoules E 27 à vis de modèles divers (l'ampoule jaune est conseillée pour éloigner les insectes)
- 4 ampoules E 14 à vis de modèles divers

Outils

- 1 petit tournevis plat
- 1 pince à dénuder
- 1 cutter

Guirlande d'ampoules

1
Sectionnez neuf longueurs de câble électrique de 15 à 25 cm environ.

2
Équipez l'une des extrémités du câble électrique restant d'une fiche mâle et d'un interrupteur distant d'environ 70 cm de cette dernière.

3
Pour chaque douille, passez deux longueurs de câble dans un même arrêt de câble dévissé puis dans la base de la douille démontée. Dénudez les extrémités des deux longueurs de câble électrique, roulez ensemble un brin d'un des câbles avec un des brins du deuxième câble, faites de même pour les deux brins restants. Insérer le premier brin double dans l'un des deux trous du bornier de la douille puis le second brin double dans l'autre trou.

4
Serrez fortement les vis du bornier avec un petit tournevis plat. Placez la noix de la douille dans la base. Vissez l'arrêt de câble dans la douille puis vissez le corps. Renouvelez ce montage pour les neuf ampoules. Pour la dixième douille, répétez l'opération à l'exception de la fixation des brins dans le bornier : séparez les deux brins comme pour un montage classique, passez un brin dans une borne et le second dans l'autre.

5
Composez la guirlande en jouant sur la variété des tailles et des couleurs des ampoules. Pour la suspendre, utilisez un petit esse passé dans le câble, comme pour la suspension du lampion résiné (page 108).

Conseils

- Le choix du câble électrique conditionne la puissance maximale. Il est important de la connaître avant de commencer le montage. Ici, la puissance du câble ne doit pas dépasser 500 watts. Pour vous en assurer, il suffit d'additionner la puissance de toutes les ampoules. Utilisez des ampoules de 25 à 40 watts pour éviter qu'elles ne soient trop lumineuses et chauffent excessivement.

2
3
4
6
7

Guirlande à plumes

Une guirlande se pare de plumes et de perles pour jouer les fées lucioles : une petite touche de lumière qui ne saura vous déplaire...

Matériel divers pour la lampe

- plumes blanches
- perles bleues assorties
- perles nacrées grosses et moyennes
- fil de fer fin chromé
- fil de fer fin bleu

Matériel électrique

- 1 guirlande électrique

Outils

- 1 pince coupante

Avec du fil de fer fin bleu, fixez quelques plumes au départ des câbles de chaque douille de la guirlande. Entourez plusieurs fois le fil en serrant bien et veillez à répartir les plumes autour de l'ampoule.
Coupez des sections de fil de fer bleu ou chromé de 20 cm environ et enfilez des perles en rythmant les formes et les couleurs.
Repassez le fil dans chaque perle afin que celle-ci ne coulisse pas.
Entourez le fil orné de perles autour de la douille de l'ampoule et placez les perles entre les plumes.

Guirlande en fleurs de lys

Une guirlande de fleurs de lys en papier idéale pour fêter le printemps. Réalisée en pliage origami, sa rapidité de confection vous surprendra.

Matériel divers pour la lampe

- feuilles de papier blanc 120 g, format 20 x 20 cm
- 1 feuille de papier épais de couleur vive
- fil de fer fin
- crayon à papier

Matériel électrique

- 1 guirlande électrique

Outils

- 1 paire de ciseaux
- 1 cutter
- 1 règle

Après avoir suivi les instructions de pliage des feuilles de papier de la page 141, écartez légèrement deux des pointes opposées.
Procédez de même pour les deux autres pointes.
Arrondissez les pointes à l'aide d'un crayon.
Fabriquez autant de fleurs qu'il y a d'ampoules sur la guirlande.
Découpez aux ciseaux 1 cm de la base de la fleur de lys puis, au cutter, des bandes de 2 mm de large et de 10 cm de long dans le papier de couleur pour fabriquer le pistil.
Ôtez l'ampoule de la guirlande et glissez la douille dans la fleur.
Replacez l'ampoule sur la douille.
Placez le pistil à l'intérieur de la fleur.
Fixez le tout au câble de la guirlande avec le fil de fer fin.

annexes

Patron pour une carcasse empire

15 cm de diamètre en bas et 8 cm de diamètre en haut.
Agrandir à 200 %.
Ce patron est valable pour réaliser l'abat jour lumière argent et l'abat jour avec couvercle des pages 26 et 28.

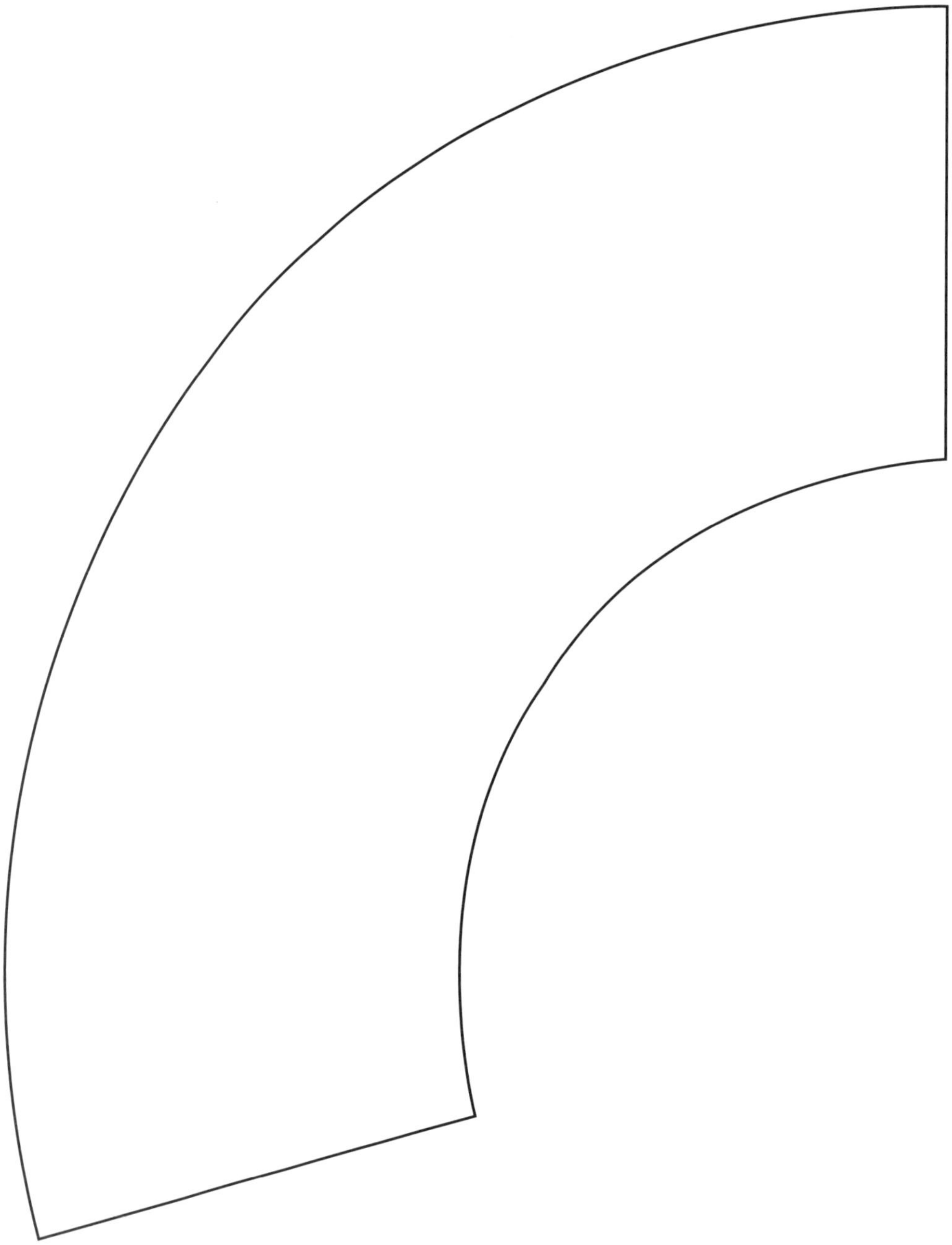

Patron pour une carcasse de lustre de chevet

9 cm de diamètre en bas et de 7 cm de diamètre en haut.
Ce patron est valable pour réaliser l'abat-jour piqué et l'abat-jour transfert de la page 26. Agrandir à 140 %.

Patrons de la lanterne magique

Agrandir les patrons à 200 %

- - - - - - - - - -	pliage
————————	découpage

patron du petit abat-jour

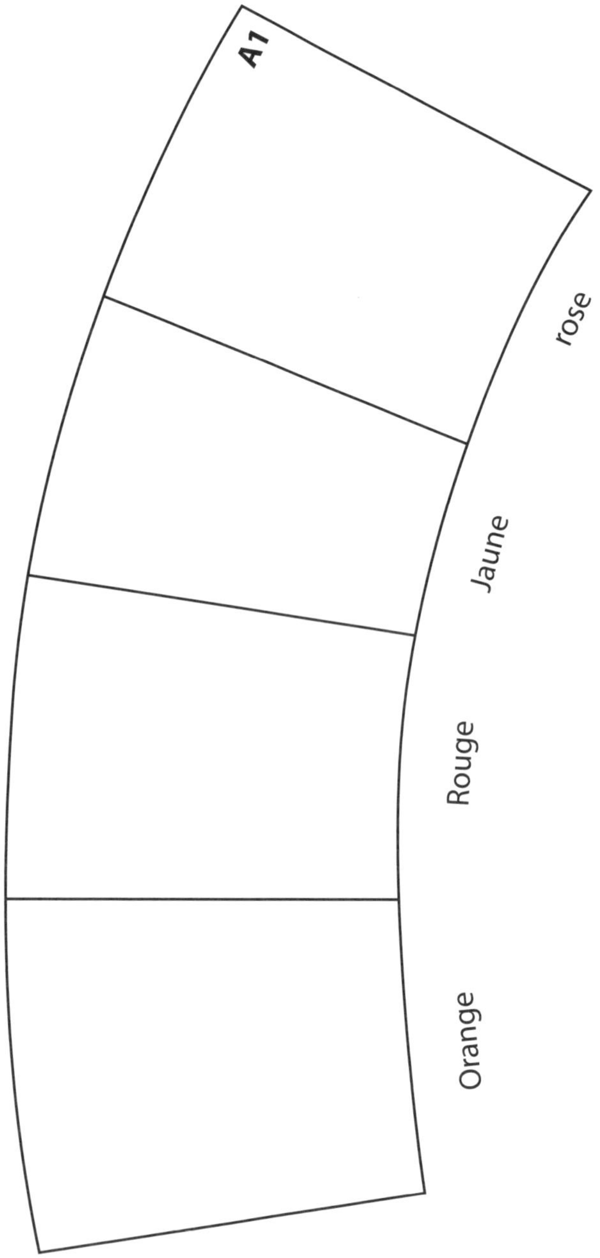

patron des ailettes en aluminium

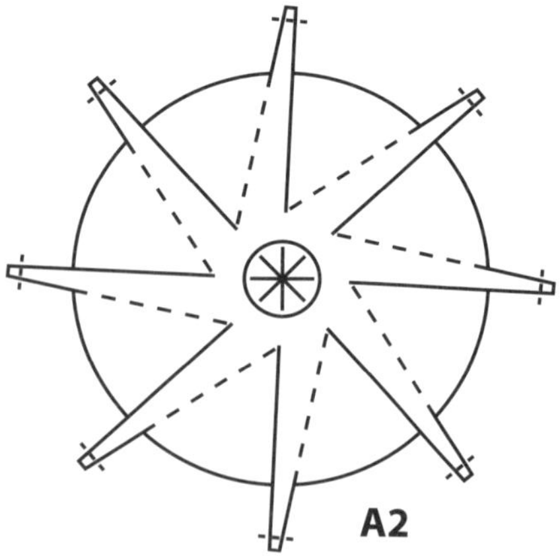

patron du grand abat-jour

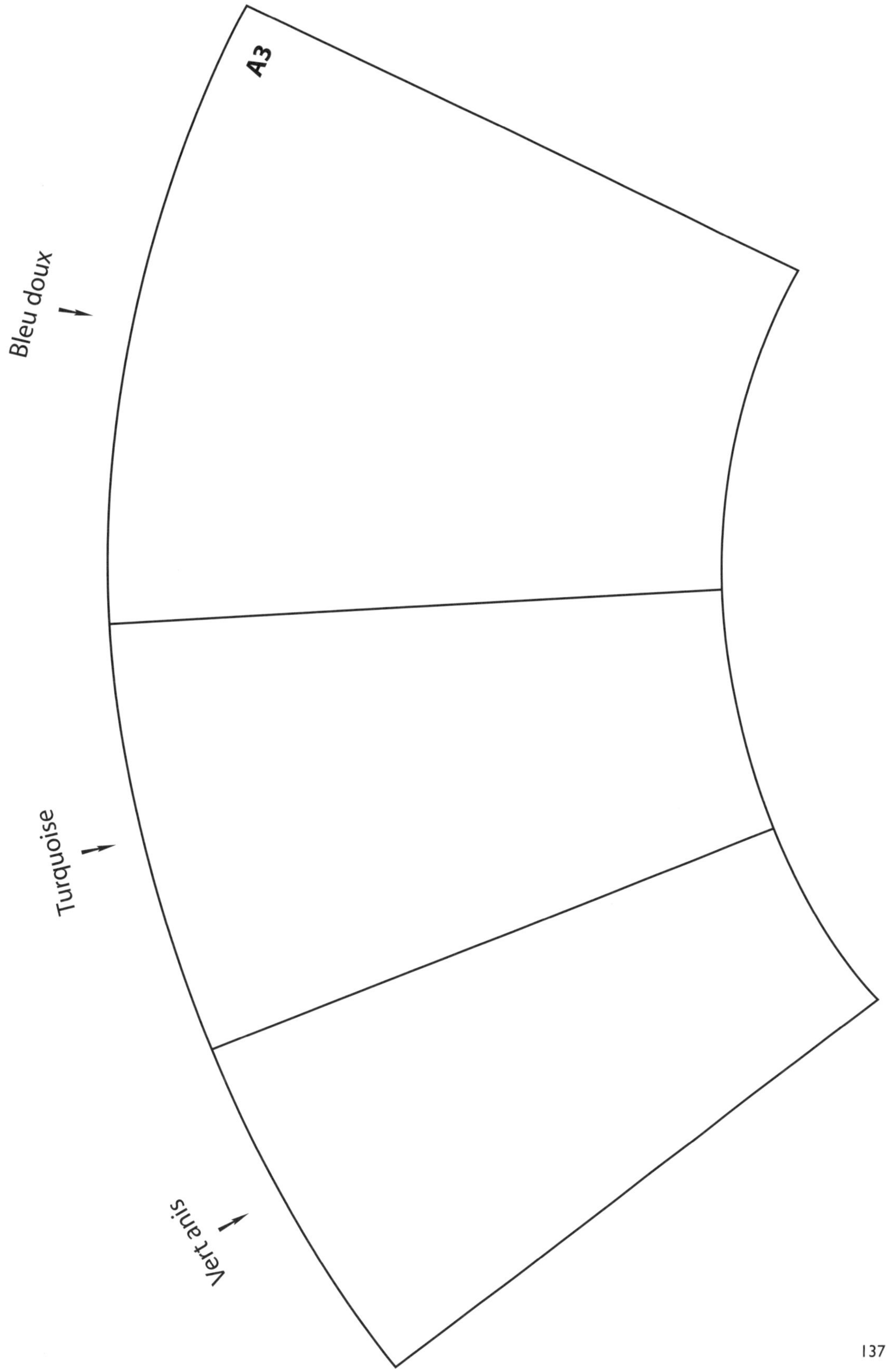

Schèma de contour du chat

Agrandir à 150 %

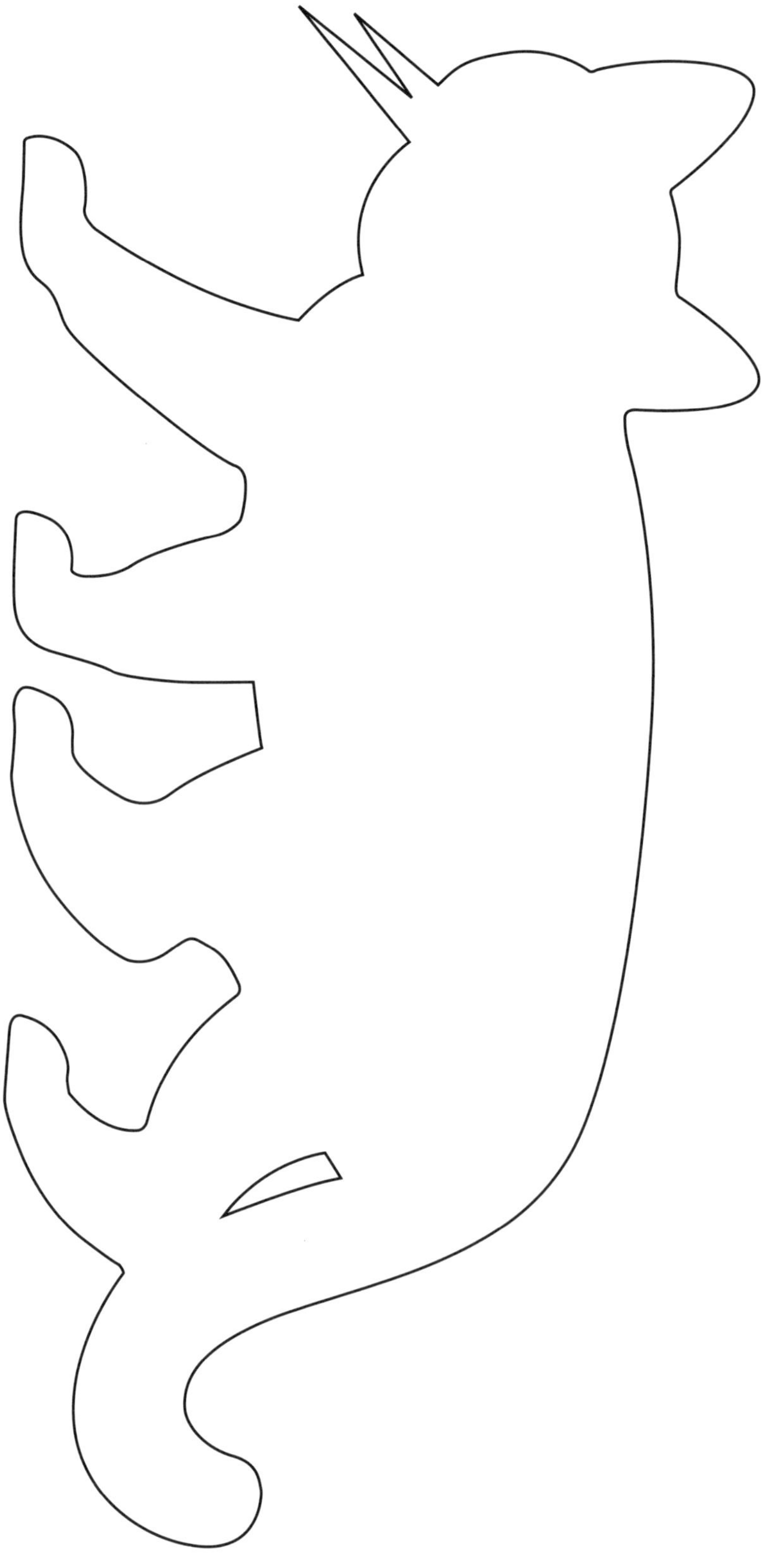

Contour du gentil fantôme

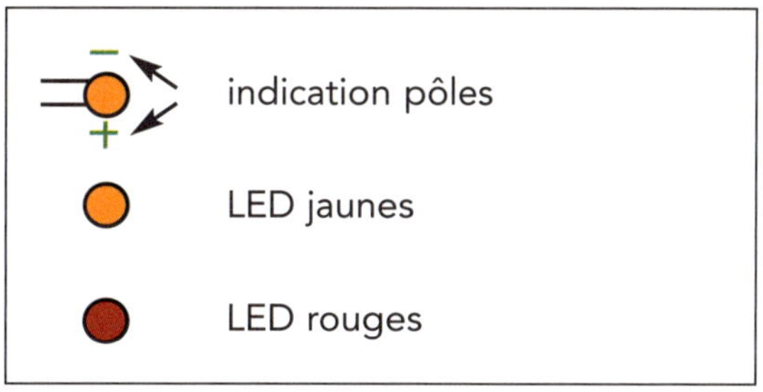

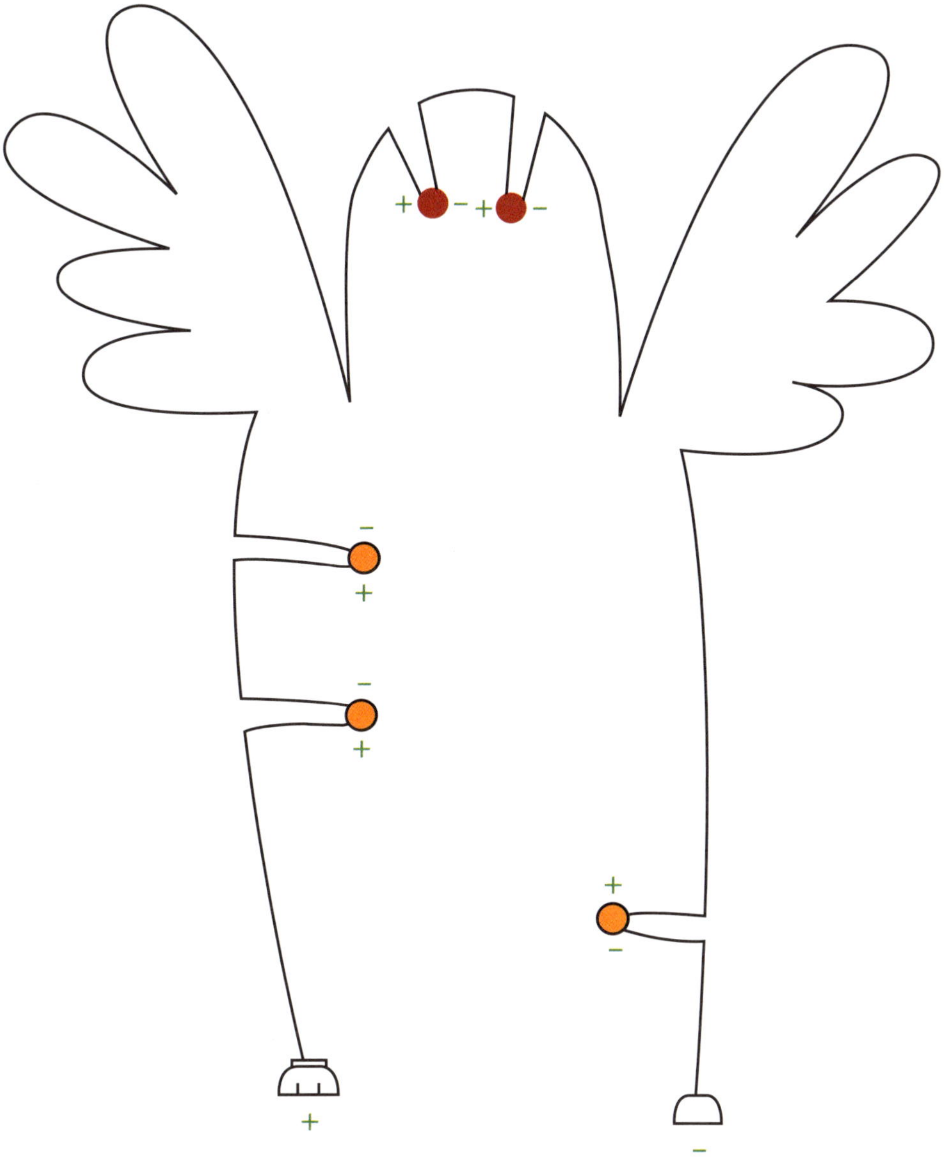

Pliage papier : guirlande bombe à eau

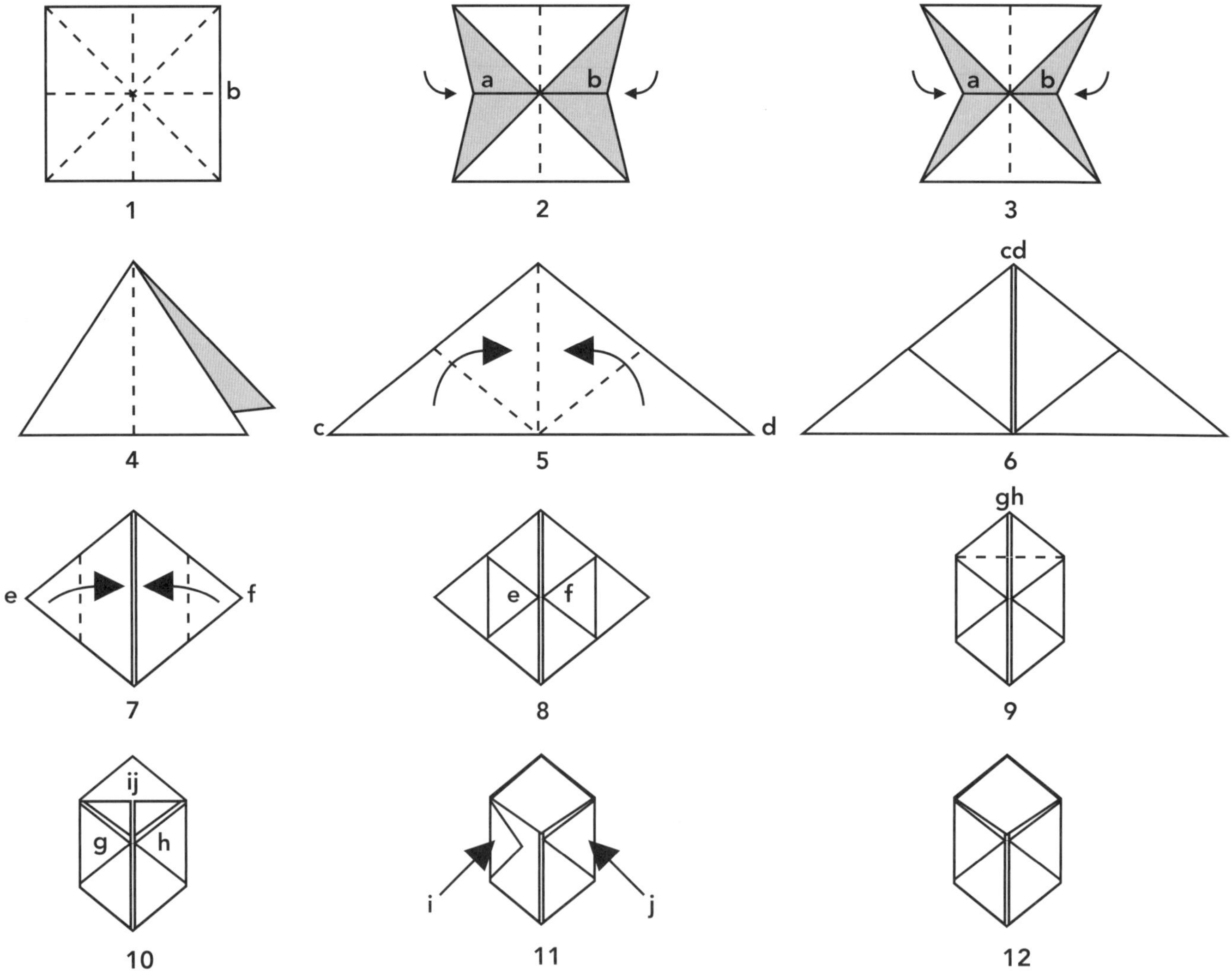

1
Pliez une feuille carrée de 15 x 15 cm de côté en suivant les deux diagonales et les deux perpendiculaires.

2 et 3
Rabattez les pointes **a** et **b** vers l'intérieur afin d'obtenir un triangle (face blanche du papier à l'intérieur).

4 et 5
Rabattez les pointes **c** et **d** vers le haut. Faites de même sur les deux ailes du dessous.

6 et 7
Rabattez les angles **e** et **f** en suivant les pointillés. Faites de même sur les angles du dessous.

8 et 9
Repliez les deux pointes **g** et **h** en suivant les pointillés.

10
Rentrez les pointes du haut **i** et **j** dans les angles gauches et droits en écrasant bien la pliure. Recommencez de l'autre côté.

11
Soufflez dans le trou situé à la base de la bombe à eau pour la gonfler.

Pliage papier : guirlande fleur de lys

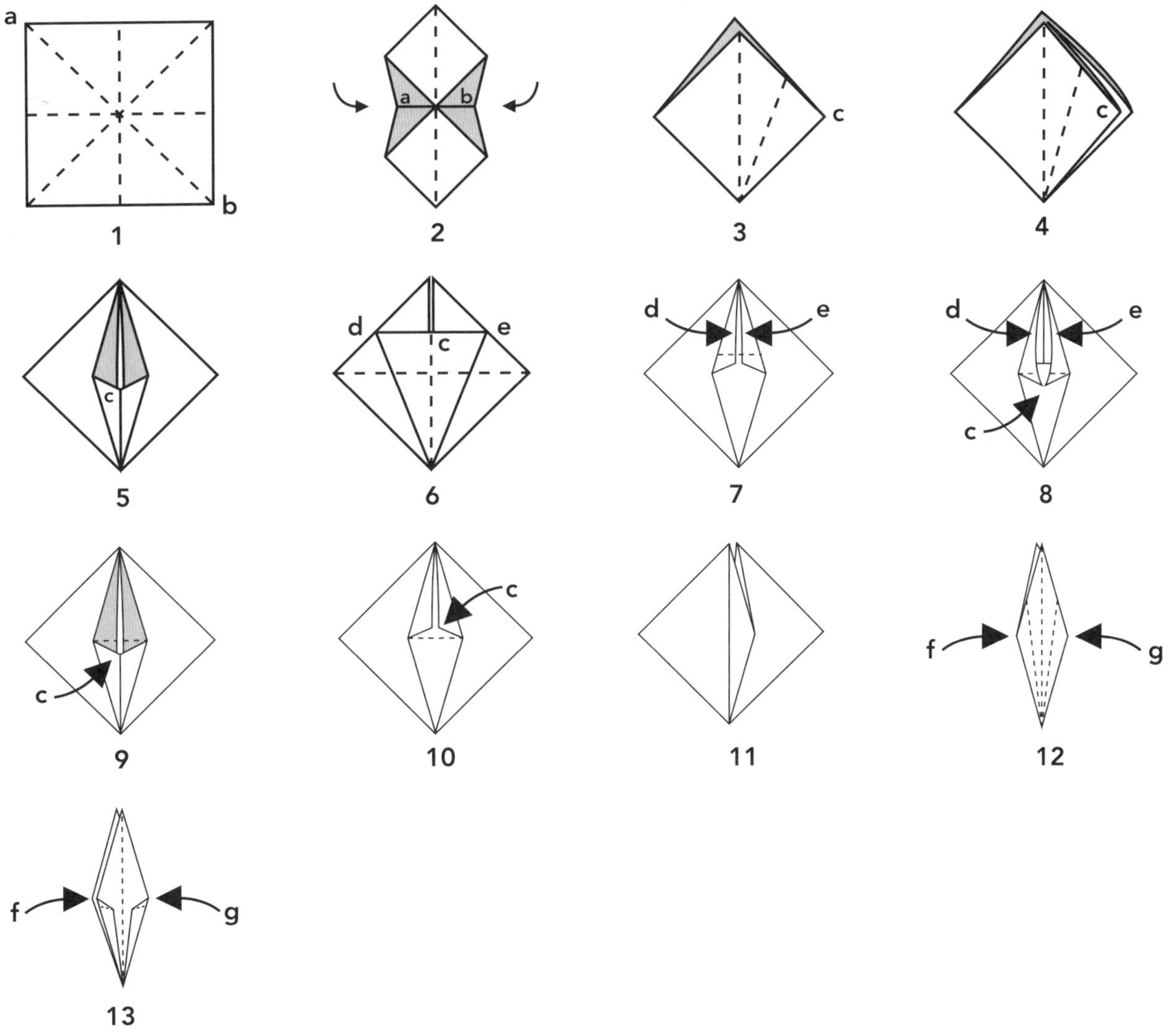

1
Pliez une feuille carrée de 15 x 15 cm de côté en suivant les deux diagonales et les deux perpendiculaires.

2
Rentrez les pointes **a** et **b** vers l'intérieur afin d'obtenir un carré.

3
Effectuez la pliure indiquée par les pointillés.

4 et 5
Redressez l'aile ainsi formée et ouvrez-la.

6 et 7
Rabattez les pointes **d** et **e** vers le centre

9
Ouvrez l'aile en rabattant la pointes **c** vers l'extérieur.

10 et 11
Aplatissez l'aile complètement et rabattez la pointe **c** vers le haut.

12
Reprenez les étapes **3** à **11** sur les trois autres ailes.

13 et 14
Rabattez les pointes **f** et **g** de chaque aile vers le centre en appuyant bien pour marquer suffisamment la pliure.

Carnet d'adresses

Pébéo
04 42 32 08 08
www. pebeo.com

Créa
55, rue Saint-Placide 75006 Paris

Rougier & Plé - Graphigro
18 magasins en France : Paris 3°, Paris 11°, Paris 15°, Paris 18°, Longjumeau, Nanterre, Neuilly-sur-Marne, Lille, Villeneuve d'Ascq, Nantes, Le Mans, Strasbourg, Bordeaux, Lyon 2°, Lyon 3°, Toulouse, Marseille, Aubagne.
Magasins et VPC : 0 825 160 560
www.crea.tm.fr

Efco
Produits de loisirs créatifs
Magasins en France, en Belgique et en Suisse
Pour la France : 01 34 62 95 15
www.efco.de

Électronique diffusion
10 magasins en France
Renseignements et VPC : 03 28 04 30 60
www.electronique-diffusion.fr

BHV
52, rue de Rivoli, 75004 Paris
www.bhv.fr

Castorama
numéro azur : 0 810 104 104
105 magasins en France

La Bambouseraie, Prafrance
30 140 Anduze
04 66 61 70 47

Coming B
65, rue du Bac, 75007 Paris
01 42 84 91 81

Bricorama
21, avenue du Maréchal-de-Lattre-de-Tassigny,
94120 Fontenay-sous-Bois
01 45 14 72 00
www.bricorama.fr

Bazard de l'électricité
34, boulevard Henri IV, 75004 Paris
01 48 87 83 35

La droguerie
9, rue du jour, 75001 Paris
Boutiques également à Lille, Nantes, Montpellier, Toulouse, Bordeaux, Tokyo...

Résonances
01 44 68 58 78

Leroy Merlin
01 44 54 66 66
www.leroymerlin.fr

Girard Sudron
(ouvert aux professionnels)
47, rue des Tournelles, 75003 Paris
Liste des revendeurs au 01 44 59 22 20

Boutique Esprit de sel
10, rue de la République, 11000 Carcassonne
04 68 72 03 01

Boutique Frip'one
friperie rétro américaine et design du 20° siècle
37, rue Albert-Tomey, 11000 Carcassonne
04 68 71 59 02
www.fripone.com

Rié Yagura
Création de lampes
01 42 55 78 04

Angèle Riguidel
Création de lampes
www.angele-riguidel.com

Remerciements

Un grand merci…
à Daniel pour ses précieux conseils en électronique, à Dominique et François pour les bons moments dans leur jolie maison, à Victor pour ses coups de main, à Jean-Jo et Cathy pour les instants montolivains, à Françoise pour ses pampilles, à Gérard et ses collègues du sous-sol du BHV pour leur accueil et leurs conseils, à Joceline, à Odile Bailloeul et Laurent Baudonnet pour leurs créations, à Serge et Mireille pour leur accueil, à Sophie et Régis pour leur patience, à Rose-Marie et Hélène pour leur soutien, à Lélia et Olivia pour leurs jolies mains, à Camille, pour sa présence constante, à Margot, Marcel et Eugène pour leurs rires lumineux, et à tous ceux qui ont contribué, de près ou de loin à la réalisation de ce livre.

Mise en page et graphisme : Yon Sim

ISBN : 2501041119

Dépôt légal : n° 45674 / aout 2004

NUART : 4005518 / 01

Achevé d'imprimer en Espagne par Gráficas Estella